FLORIAN WERNER

Die Weisheit der Trottellumme

FLORIAN WERNER

Die Weisheit der Trottellumme

Was wir von Tieren lernen können

Illustriert von Andreas Töpfer

BLESSING

FSC
www.fsc.org
MIX
Papier aus verantwortungsvollen Quellen
FSC® C014889

Verlagsgruppe Random House FSC® N001967

1. Auflage

Umschlaggestaltung: Bauer+Möhring, Berlin
Umschlagabbildung: © iStock
Satz: Leingärtner, Nabburg
Druck und Einband: Pustet, Regensburg
Printed in Germany
ISBN: 978-3-89667-619-1

www.blessing-verlag.de

Hand aufs Herz, Pfote auf die Brust

Wir können Tieren nur wenig beibringen. Wir können Pferde lehren, bis drei zu zählen, Hunde dazu erziehen, ein Stöckchen zu apportieren, oder Seelöwen darauf dressieren, einen Gummiball zu balancieren und dabei in die Flossen zu klatschen. Allesamt Fähigkeiten, nach denen, seien wir ausnahmsweise ehrlich, weder im Tier- noch im Menschenreich ein Hähnchen kräht.

Umgekehrt sieht das vollkommen anders aus. Tiere haben uns nicht nur, wie bereits Demokrit erkannte, die meisten Künste und Handwerke beigebracht: die Spinnen das Weben, die Schwalben den Hausbau, die Schwäne und Nachtigallen das Musizieren. Sie können uns auch in die tiefsten Geheimnisse des Daseins einweihen. Tiere geben uns – manchmal durch lautliche Äußerungen, meist durch ihr vorbildhaftes Handeln – Antworten auf die größten Fragen der Philosophie. Sie sind, um es mit dem französischen Ethnologen Claude Lévi-Strauss zu sagen, »gut zu denken«.

Ohrenquallen können uns den Aufbau des Universums erklären, Zitterrochen die Obsessionen und Widersprüche der Moderne. Nacktmulle kennen das Geheimnis glücklicher Paarbeziehungen, Axolotl wissen um die Wichtigkeit unerfüllter Wünsche und Utopien, Ameisen haben eine klare Haltung zum bedingungslosen Grundeinkommen, und kanadische Dickhornschafe sind Spezialistinnen für die wirtschaftsphilosophische Theorie der Wachstumsrücknahme. Und die titelgebenden Trottellummen? Leben uns die Lehren eines großen dänischen Philosophen vor und wagen den tollkühnen Sprung in den Glauben.

In einunddreißig tierphilosophischen Betrachtungen geht dieses Bestiarium der Frage nach, was wir von Tieren lernen können. Anstatt dabei, wie es die längste Zeit in der westlichen Kulturgeschichte getan wurde, die Unterschiede zwischen Menschen und Tieren stark zu machen, Letztere also als unser dunkles, irrationales, »bestialisches« Anderes zu begreifen, wollen wir uns dabei auf philosophisch wegweisende Gemeinsamkeiten konzentrieren. Schließlich sind wir, ganz nüchtern und bei taxonomischem Licht betrachtet, auch nichts weiter als Trockennasenprimaten mit Haarausfall.

Also hereinspaziert: Willkommen in einer Welt, wo der Hund die Dompteurspeitsche schwingt, der Buntspecht die Sitzmeditation anleitet und das Krokodil die Werke des Lao-Tse gefressen hat. Lauschen wir ihrem Bellen, Blubbern, Krähen, Quaken und Zinzelieren. Folgen wir ihren Lehren, orientieren wir uns an ihrem Beispiel. Werden wir Tiere wie sie.

Die Amsel

Im Garten meiner Kindheit, direkt vor unserem Balkon, stand eine stattliche Blautanne. Alljährlich im Frühjahr ließ sich auf ihrem Wipfel eine Amsel nieder und begann in aller Herrgottsfrühe zu singen; so laut, dass ich, wenn ich bei offenem Fenster schlief, davon erwachte. Das Lied war kraftvoll, melodiös, ich habe es bis heute im Ohr: ein beherzter Quartsprung nach unten, dann wieder zurück auf den Ausgangston, schließlich von diesem auf die große Terz und weiter auf die Dominante, ein perfekter Dur-Akkord. Beethoven, erklärten mir meine Eltern beim Frühstück: Die Amsel singt das Rondo aus dem Konzert für Violine und Orchester Opus 61 in D-Dur von Ludwig van Beethoven.

Inzwischen weiß ich: Das ist Quatsch. Die Amsel sang nicht die ersten Takte des dritten Satzes aus einem klassischen Konzert, sondern sagte: Das hier ist mein Revier. Oder vielleicht auch: Komm her, du holdes Amselweibchen. Oder: Schön ist es, auf der Welt zu sein. Oder: In wenigen Minuten muss die Sonne aufgehen, oder: Es sieht nach Regen aus, oder: Verdammt stachlig, diese Blautannennadeln, aber die Aussicht von hier oben ist unbezahlbar. Oder vielleicht sagte beziehungsweise sang sie auch das alles auf einmal.

Der große Vorzug des Vogelgesangs, schreibt der französische Philosoph Michel Serres, bestehe darin, dass er »pansemisch« sei, also *alles-bedeutend.* Was die Amsel mit ihrem Gesang genau »meint«, lässt sich demnach nicht eindeutig bestimmen: Der Sinn ihres Gezwitschers ist »kraftvoll ausgedehnt«, er erstreckt sich über viele Bedeutungswipfel und semantische Felder. Die menschliche Sprache hingegen, so Serres, sei bloß »monosemisch«, also auf *eine Bedeutung* beschränkt. Sie lässt keine vielsinnigen Akkorde erklingen, sondern ist »einsaitig« – zumindest ist sie, zumal in ihrer wissenschaftlichen Ausprägung, zumeist um semantische Klarheit und Eindeutigkeit bemüht. (Dass auch in der menschlichen Kommunikation Mehrdeutigkeiten und Missverständnisse möglich sind, davon können wohl die meisten Menschen ein Lied singen.)

Dieses menschliche Streben nach Monosemie ist nun dem Philosophen zufolge mehr als bedauerlich: Denn zum einen erschlage das einengende, pointierende Sagen-Wollen »die Sprache derart, dass es selbst die besten Schriftsteller zu Opfern ihrer Kunst macht«. Und zum anderen berühre ein pansemischer Laut – sei es nun das Schlagen einer Amsel oder der Brunftlaut eines *Homo sapiens* – uns unmittelbarer und tiefer, als es klare, karge Kommunikationsakte jemals vermögen. »Unsere klagenden Modulationen des Begehrens oder der Trauer«, schreibt Serres, »erreichen die tiefen Neuronen unseres Reptiliengehirns, die wir mit Finken, Meisen und Kolibris teilen.« Anders gesagt: Durch die Lautlichkeit sind wir sowohl mit der übrigen Tierwelt als auch mit unserer eigenen Stammesgeschichte innig verbunden.

Aber wie können wir Menschen an dem beneidenswert deutungsoffenen Diskurs der Vögel, über begehrliches Stöhnen oder trauernde Seufzer hinaus, teilhaben? Am ehesten durch die Macht der Musik. Indem wir also unsere Sprachäußerungen vertonen, sie in Lieder setzen. Oder indem wir durch Assonanzen, Reime, Rhythmen und andere lautliche Lustbarkeiten die Pansemie des Federviehs frei nachzuformen versuchen; indem wir also (um nur einige der schönsten sprachlichen Umschreibungen für den Vogelgesang zu nennen) flöten und girren, zippen und zetschen, schackern und dacken, rülschen und knippeln, murxen und krolzen, zwitschern und tixen und quietschen und quinquilieren, wie's uns die Vögel vortun.

Und wenn wir musikalisch besonders begnadet sind – dann komponieren wir womöglich nach Vogelvorbild ein ganzes Konzert. Denn auch das habe ich seit jenen blauen Morgenstunden meiner Kindheit gelernt: Die Amsel in unserem Garten sang nicht wie Ludwig van Beethoven – Beethoven imitierte, als er sein Violinkonzert verfasste, eine Amsel.

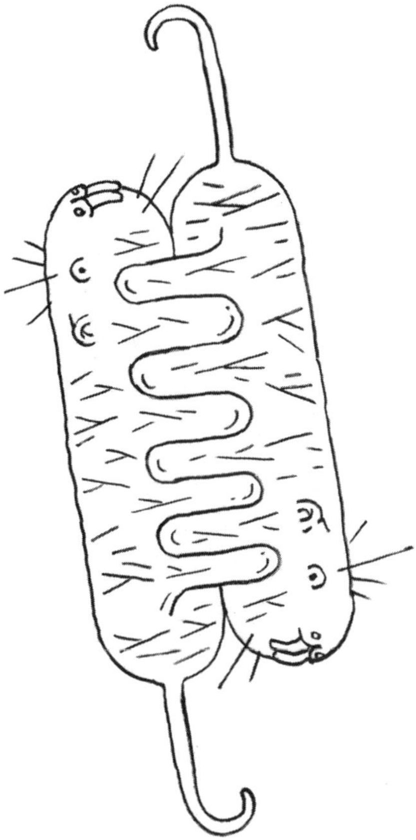

Der Nacktmull

Eine große deutsche Tageszeitung bezeichnete ihn einmal als »Penis auf vier Beinen«, ein anderes Organ als »Säbelzahnwürstchen«: Der Nacktmull gilt vielen als das hässlichste Säugetier überhaupt. Tatsächlich ist der in den Halbwüsten Ostafrikas beheimatete Nager nicht gerade dazu angetan, bei menschlichen Betrachtern interesseloses Wohlgefallen zu wecken: Sein Körper ist wulstig und unbehaart, das Gesicht weitgehend konturlos, Augen oder Ohren sind kaum zu erkennen, dafür ragen aus dem Maul vier riesige sichelförmige Schneidezähne.

Den Nacktmull selbst dürfte solche Kritik allerdings wenig jucken. Zum einen ist er fast blind, blickt also gnädig über die vermeintlichen ästhetischen Defizite seiner Artgenossen hinweg; zum anderen ist er extrem schmerzunempfindlich. Entzündungen, Hitze, Hautverletzungen, Säure (und, so dürfen wir annehmen: ätzender Spott) können den Tierchen nur wenig anhaben. Sie werden von ihnen zwar durchaus wahrgenommen, aber nicht als besonders schmerzhaft empfunden. Verantwortlich dafür ist eine Veränderung im Aufbau der

Nervenzellen: Die Schmerzrezeptoren sind bei ihnen evolutionär so modifiziert, dass eingehende Reize erst bei zehnfach erhöhter Konzentration der Signalstoffe weitergegeben werden. Wo andere Tiere sich vor Schmerzen winden, zuckt der Nacktmull nur kurz mit den Tasthaaren.

Der Grund für die bemerkenswerte Schmerzresistenz dürfte in der Lebensweise dieser Tiere zu suchen sein. Nacktmulle leben dicht gedrängt in stickigen unterirdischen Höhlensystemen, in Kolonien mit bis zu dreihundert Tieren. Ihre Zähne sind scharf, die Umgangsformen robust. Und: Die Angehörigen einer Kolonie stammen – wie Bienen- oder Ameisenvölker – alle von einer »Königin«, also derselben Mutter ab. Mehrere Hundert Verwandte, die ein Leben lang in engen, schlecht belüfteten Räumen zusammengepfercht sind? Wer da nicht schmerzunempfindlich ist, dürfte es nicht lange im Familienverband aushalten.

Leser von Arthur Schopenhauer dürften sich an dessen Fabel von den Stachelschweinen erinnert fühlen, die sich an einem kalten Wintertag so eng wie möglich zusammendrängen, »um sich durch die gegenseitige Wärme vor dem Erfrieren zu schützen«. Da sie sich dabei jedoch unwillkürlich durch ihre Rückenstacheln (das heißt: durch ihre »widerwärtigen Eigenschaften und unerträglichen Fehler«) verletzen, müssen sie wieder voneinander abrücken. Bis es ihnen zu kalt wird und das Bedürfnis nach Erwärmung sie wieder zusammenbringt: piks, aua und so weiter ... So lange, bis die Schweine (das heißt: die Menschen) endlich eine »mittlere Entfernung« herausgefunden haben, in der sie es mehr schlecht als recht miteinander aushalten.

Taxonomisch gesehen mögen die Nacktmulle zwar zu den Stachelschweinverwandten gehören – allerdings sind sie ihren spitzborstigen Unterordnungsgenossen in sozialer Hinsicht weit überlegen. Zum einen haben sie keine Spieße, mit denen sie nähebedürftige Mitwesen verletzen könnten. Zum anderen sind sie so schmerzresistent, dass sie mit einer ganzen Stachelschweinrotte auf einmal kuscheln könnten, ohne sich von deren Sticheleien und Spitzfindigkeiten gestört zu fühlen. Anders gesagt: Sie sind das ideale Vorbild für all jene, die zu bequem sind, den heimischen Bau zu verlassen, zugleich aber meinen, die Nähe ihrer Familie nicht mehr ertragen zu können. Wer Cocooning mag, muss zum Nacktmull werden.

Er muss lernen, seine überreizten sozialen Schmerzrezeptoren zu desensibilisieren. Er muss seine Kleidung ablegen und allfällige Körperbehaarung entfernen. Er muss die Augen zusammenpressen, bis nur noch zwei kleine, faltige Schlitze erkennbar sind. Und dann – darf er an andere Nacktmulle denken und kuscheln.

Die Trottellumme

Alljährlich im Juni ereignet sich auf der Hochseeinsel Helgoland ein wahrhaft bestürzendes Schauspiel. An den markanten roten Sandsteinfelsen am westlichen Ende der Insel findet dann nämlich der sogenannte Lummensprung statt: Die etwa drei Wochen alten Küken der Trottellumme – ein großer Meeresvogel aus der Familie der Alkenvögel – treten an den Rand der Felsnische, in der sie geboren, gefüttert und bis dato von ihren Eltern unter die Fittiche genommen wurden. Bis zu vierzig Meter Fallhöhe trennen sie von der kalten Nordsee, ihrem zukünftigen Lebensraum, wo schon ein Elternteil auf sie wartet und sie mit Lockrufen ermuntert. Nach verständlichem Zaudern, Zögern und Zappeln breiten die Lummenküken schließlich ihre kurzen, zum Fliegen noch vollkommen ungeeigneten Stummelflügel aus. Dann stürzen sie sich kreischend von der Klippe und plumpsen wie ein gefiederter Stein in die Tiefe.

Bemerkenswert: Obwohl viele Küken nicht auf dem Wasser, sondern auf den harten Uferfelsen landen, überleben sie mehrheitlich ihren Jungfernsprung. Dies verdanken sie der Flexibilität ihres jungen Knochenskeletts sowie ihrem bereits angefutterten Fettpolster. Ebenfalls auffällig ist der Mut, den die trotteligen Nestlinge aufbringen: Obwohl sie noch nicht fliegen können, begeben sie sich in die Luft; obwohl sie noch nicht schwimmen können, streben sie zum Wasser. Oder ist es gar nicht Mut, der sie antreibt, sondern schiere Verzweiflung? Dann ähnelten sie dem Menschen, der nach einem berühmten Wort des dänischen Philosophen und Theologen Sören Kierkegaard den »Sprung« in den Glauben antritt.

Kierkegaard zufolge gibt es drei »Stadien auf des Lebens Weg«, die der Mensch durchschreiten kann und sollte. In den ersten beiden dieser Existenzmöglichkeiten – dem »ästhetischen« und dem »ethischen Stadium« – lernt er die je unterschiedlichen Möglichkeiten seines Daseins kennen und tätig erproben, kann dadurch aber nicht seine existenzielle Verzweiflung überwinden. Er erkennt nämlich, dass es jenseits seines innerweltlichen Daseins noch eine transzendente Sphäre geben muss, die allein ihm letztgültige Weisungen für seinen weiteren Lebensweg geben kann. Auf Trottellummisch gesagt: Der Mensch ist hin- und hergerissen zwischen seiner irdischen Felsnische und der Unendlichkeit des Meeres. Er gehört beiden Sphären an, so wie der fleischgewordene Gott Jesus Christus in die Zeitlichkeit teleskopierte Ewigkeit war. Ein Paradox, das sich verstandesmäßig nicht auflösen lässt, sondern nur durch einen Akt des Glaubens. »Glauben«, so Kierkegaard, »bedeutet eben: den Verstand verlieren, um Gott zu gewinnen.« In das dritte, das »religiöse Stadium« führt nur ein so beherzter wie irrationaler Sprung ins kalte Wasser.

Und: Gilt dieses Prinzip nicht für alle bedeutsamen Entscheidungsmomente unserer Existenz? Schließlich sind die wahrhaft neuen, aufregenden Abschnitte unseres Lebenswegs in der Regel nicht durch tastende Schrittchen, sondern bloß durch einen Sprung ins Ungewisse zu erreichen. Eine Lebenspartnerschaft eingehen, Kinder zeugen, nach Helgoland oder Honolulu ziehen – solche Entscheidungen sind vernunftmäßig nur schwer zu begründen. Sie führen allesamt auf ein lebensweltliches *mare incognitum*, das sich nicht durch vorheriges Kartenstudium ergründen lässt, sondern sich erst in der eigenen Erfahrung erschließt. Wie es der Kierkegaard-Leser Martin Heidegger formulierte: »Was z. B. schwimmen heißt, lernen wir nie durch eine Abhandlung über das Schwimmen. Was schwimmen heißt, sagt uns der Sprung in den Strom.« In diesem Sinne: Gut Nass!

Die Ameise

Millionen von Arbeitern, die hektisch durcheinanderlaufen. Die ohne zu murren Zweiglein, welche ein Hundertfaches ihres Körpergewichts wiegen, durch die Gegend schleppen. Die mit ihren Mundwerkzeugen Blätter in handliche Happen zersägen, blitzschnell Blattläuse melken und sich im Verteidigungsfall ohne zu zögern auf mutmaßliche Angreifer stürzen: Auf den ersten Blick scheint ein Ameisenhaufen der Inbegriff emsiger Geschäftigkeit zu sein (tatsächlich sind die Wörter *emsig* und *Ameise* etymologisch verwandt). Und auch bei näherer Betrachtung könnte man meinen, dass es sich bei seinen Bewohnern um typische Vertreter des protestantisch-kapitalistischen Komplexes handelt: Asketisch, ausgemergelt, mit eingeschnittener Taille, ähneln diese Insekten einem von Workaholism getriebenen Arbeitnehmer, der sich, in den Worten des sozialistischen Autors Paul Lafargue, freiwillig »den Bauch zusammenschnürt«, damit der Wanst der herrschenden Klasse umso feister gedeihen kann.

Allein: Der Schein trügt. Wie Forscher von der University of Arizona herausgefunden haben, tut ein Großteil der von ihnen beobachteten Ameisen der Spezies *Temnothorax rugatulus* die meiste Zeit – gar nichts. Die kleinen Faul-Tiere sitzen, manchmal tagelang, nur regungslos da, schauen ihren Artgenossen beim Arbeiten zu und drehen Kläuchen. »Sie sind offenbar geradezu aufs Nichtstun spezialisiert«, so die Leiterin der amerikanischen Forschergruppe. Das Verhalten scheint auch bei anderen staatenbildenden Insekten gang und gäbe zu sein – nur: *Warum* die vermeintlich fleißigen Tierchen so träge sind, ist den Wissenschaftlern ein Rätsel. Schließlich tragen die Müßiggänger augenscheinlich nichts zum Gemeinwohl bei und verbrauchen dabei auch noch wertvolle Ressourcen.

Eine Theorie besagt, dass es sich bei den Nichtstuern um stille Reservekräfte handelt, die, wenn eine Arbeiterin stirbt, ein Angriff droht oder außerplanmäßige Aufgaben anfallen, spontan in die Bresche springen könnten. Einer anderen Theorie zufolge dienen sie als lebende Vorratsbehälter, die im Bedarfsfall vorverdaute Nahrung für ihre arbeitsamen Artgenossen hochwürgen. Einer dritten zufolge könnte es sich um Nachwuchsameisen oder Greise handeln, die zu jung beziehungsweise alt zum Arbeiten sind. Bei alldem handelt es sich allerdings nur um ungesicherte Vermutungen.

Wesentlich plausibler erscheint daher eine andere Erklärung: nämlich dass die Tiere mit ihren scharfen Beißwerkzeugen die wichtigsten Passagen aus dem *Recht auf Faulheit* des bereits erwähnten Paul Lafargue herausgeschnitten, gefressen und verinnerlicht haben. In diesem 1880 erschienenen Traktat kritisierte der Schwiegersohn von Karl Marx die »morbide, leidenschaftliche Arbeitssucht«, wie sie kennzeichnend für das kapitalistische Zeitalter sei. Nach Jahrtausenden der gesunden Arbeitsverachtung habe sich das Proletariat in der Moderne vom »Dogma der Arbeit« verführen lassen und arbeite nun an seinem eigenen körperlichen und seelischen Niedergang. Vollbeschäftigung, so Lafargue, sei eine von der Bourgeoisie in die Welt gesetzte Chimäre: »Man müsste, um Arbeit für alle zu haben, sie rationieren wie Wasser auf einem Schiff in Seenot.« Dennoch dürste der moderne Arbeitnehmer geradezu danach, sich im Dienst eines anderen zu Tode zu rackern.

Dieser Befund gilt heute mehr denn je. Bestimmte Berufe dürfte es aufgrund der fortschreitenden Automatisierung in wenigen Jahren nicht mehr geben: Roboter werden stupide oder körperlich ruinöse Tätigkeiten erledigen. Und wir? Schauen ihnen dabei zu – und üben uns, dank eines existenzsichernden Grundeinkommens, im Nichtstun. Genau diese Arbeitsabstinenz ist es, welche die Ameisen uns vormachen. Ihre Passivität ist zukunftsweisend und entlarvt zugleich ein zentrales Ideologem der Moderne: dass der Sinn unseres Daseins, ja der Kern unserer Identität in unserem Beruf bestehe. Sich von dieser Vorstellung zu verabschieden, darin besteht eine der zentralen Aufgaben der kommenden Zeit. Vielleicht ist die Tätigkeit, der die Ameisen sich widmen, also die hehrste und schwerste überhaupt: nämlich dem Menschen, diesem unverbesserlichen Arbeitstier, zu zeigen, dass man selbst im Angesicht von Millionen zappeliger Konkurrenten und eines Ameisenhaufens von Aufgaben einfach ruhig sitzen bleiben kann.

Der Elefant

Ein alter Studienfreund meines Vaters erzählt gern, dass er Anfang der Sechzigerjahre in Berlin mit einem Elefanten unter einem Dach gelebt habe. Nicht etwa im Zoologischen Garten, nein, in einem ganz normalen Stadthaus in Charlottenburg. Er selbst wohnte unter dem Dach, in der Kammer gegenüber eine Stripteasekünstlerin und im Keller besagter Elefant, der allabendlich in ein im Erdgeschoss gelegenes Etablissement gebracht worden und der Nachbarin bei ihren Auftritten behilflich gewesen sei. Worin genau die Hilfe des Rüsseltiers bei diesen Vorführungen bestand, darüber schweigt sich der Studienfreund leider aus.[1]

Bedenkt man, dass Elefanten in Mitteleuropa nicht heimisch sind, so ist es erstaunlich, wie viele Geschichten und Sprichwörter über diese Tiere kursieren. Bläht jemand eine Sache unnötig auf, so macht er angeblich aus einer Mücke einen Elefanten. Verdrängt er beharrlich ein drängendes Thema, so ignoriert er den Elefanten

---

1 In besagtem Gebäude finden auch heute noch Selbstentblößungen statt – es beherbergt inzwischen das Berliner Literaturhaus.

im Zimmer. Und will jemand besonders erkenntniskritisch sein, so erzählt er das mutmaßlich aus Südasien stammende Gleichnis von den blinden Wissenschaftlern, die das Wesen des Elefanten erforschen wollen: Der erste rennt gegen seine Flanke und behauptet, ein Elefant sei wie eine Wand. Der zweite bekommt einen Stoßzahn zu fassen und sagt: Nein, er sei wie ein Speer. Wie eine Schlange, widerspricht ihm der dritte, der den Rüssel des Tieres zu fassen bekommen hat, wie ein Baumstamm, sagt der vierte, er hält ein Bein in den Händen, und so weiter: Jeder greift und begreift nur einen Teilaspekt und macht sich daraus seinen falschen Reim auf das Ganze.

Kein Wunder, dass ausgerechnet der Elefant hier die Rolle des Gleichnistiers übernehmen muss: Schließlich sind Elefanten die größten lebenden Landsäuger, sie können bis zu fünf Tonnen schwer und über vier Meter groß werden. Man bekommt sie als Mensch daher, im wahrsten Sinne des Wortes, nie ganz zu fassen, sondern kann sich ihnen nur aus einer bestimmten Perspektive nähern: von der Flanke, dem Rüssel, dem Zahn.

Diese Eigenschaft haben die *Elephantidae* freilich mit der sogenannten Wirklichkeit gemein: Auch sie ist aus einer einzigen Perspektive, mit einem bestimmten Blickwinkel oder Begriff nicht vollständig zu erfassen. Ein Wort kann nie ein Äquivalent des bezeichneten Gegenstands sein, sondern immer nur ein Ausdruck davon, wie und in welcher Funktion wir diesen gerade begreifen – weswegen es für ein und dieselbe Sache oft vollkommen verschiedene Ausdrücke gibt. »(W)enn z. B. im Sanskrit der *Elephant* bald der zweimal Trinkende, bald der Zweizahnige, bald der mit einer Hand Versehene heisst, so sind dadurch, wenn auch immer derselbe Gegenstand gemeint ist, ebenso viele verschiedene Begriffe bezeichnet«, schreibt entsprechend Wilhelm von Humboldt in seiner Betrachtung »Ueber die Verschiedenheit des menschlichen Sprachbaues und ihren Einfluss auf die geistige Entwicklung des Menschengeschlechts«: »Denn die Sprache stellt niemals die Gegenstände, sondern immer die durch den Geist in der Spracherzeugung selbstthätig von ihnen gebildeten Begriffe dar.«

Das bedeutet allerdings nicht, dass alle Begriffe gleich plausibel sind: Bezeichnungen wie der aus einer Mücke Gemachte, der im Zimmer Stehende, der aus der Wuppertaler Schwebebahn Springende oder der Varieté-Künstlerinnen Entkleidende dürften wenig hilfreich sein, um dem Wesen des Elefanten näherzukommen. Wir müssen uns schon mit anderen Blinden darüber verständigen, welchen Aspekt des Elefanten beziehungsweise der Wirklichkeit wir »im bestimmten Augenblicke der Worterfindung« (Humboldt) im Sinn hatten. Wir müssen die Perspektive wechseln und auch einmal den Stoßzahn, den Rüssel, das Bein befühlen. Und wir müssen dem Objekt unserer Betrachtung genügend Raum geben, sich frei zu bewegen, zu entfalten, zu wenden. Apropos: Der Striptease-Elefant, von dem der Studienfreund meines Vaters berichtet, lebte nicht lange. Wenn man die Wirklichkeit in eine zu enge Box oder gar in ein Kellerverlies sperrt, verkümmert sie.

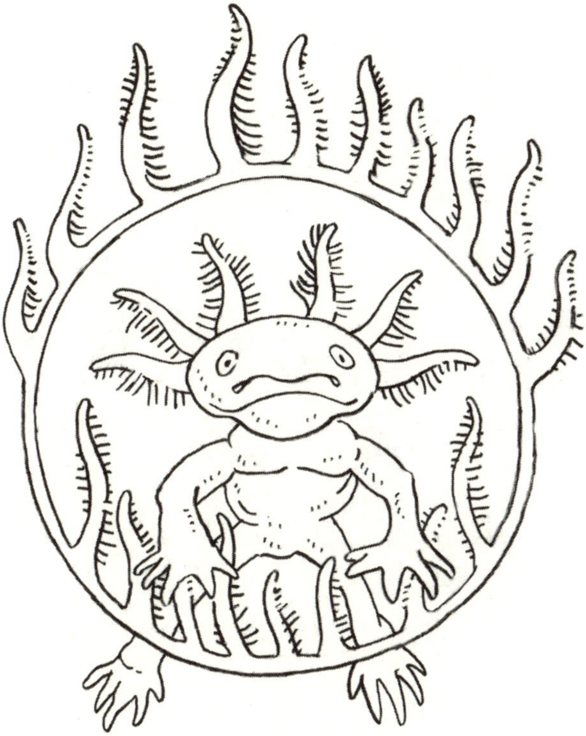

Der Axolotl

Das Schönste am Axolotl ist sein Name. Er stammt aus dem Aztekischen, bedeutet so viel wie »Wassermonster« und verdankt sich dem Lebensraum sowie dem Aussehen dieses Schwanzlurchs. Ursprünglich in Süßwasserseen bei Mexico City beheimatet, hält sich der Axolotl am liebsten in Nähe des Gewässergrunds auf und sieht tatsächlich auf possierliche Weise monströs aus. Sein schlüpfriger Leib kann bis zu vierzig Zentimeter lang werden und erinnert mit den hervorstehenden Rippenbögen an einen ausgehungerten Molchzombie. Der Kopf ist platt und im Verhältnis zum Körper zu groß, die Augen sind lidlos, daneben wuchert das Markenzeichen dieser Tiere: je drei buschige Kiemenäste, die beidseitig aus dem Hals hervorquellen wie kleine fleischige Korallen.

Nun sind alle Amphibien Grenzgänger, die sich dem menschlichen Schubladenbedürfnis nach kategorialer Klarheit widersetzen und dadurch Gefühle der Verunsicherung und des Ekels hervorrufen können: Im Larvenstadium gleichen sie kleinen Fischen, später werden aus den Kaulquappen lungenatmende Landtiere, die manchmal sogar auf Bäume klettern oder bei Sturm in die Lüfte fliegen und als apokalyptischer Amphibienregen niedergehen können. Was den Axolotl innerhalb dieser schlüpfrigen Tierklasse noch hervorhebt, ist die Tatsache, dass er sein ganzes Leben lang in diesem liminalen Stadium verharrt. Anders als seine amphibischen Verwandten vollendet er nie die Metamorphose zum erwachsenen Tier und bleibt damit aus menschlicher Sicht empfindlich hinter seinen Möglichkeiten zurück (weshalb ihn der Mensch auch immer wieder zur Metamorphose gezwungen hat: Der französische Zoologe André Duméril etwa schnitt seinen Tierchen kurzerhand die Kiemenbüschel ab, um sie zum Erwachsenwerden zu zwingen).

Aus Lurchperspektive hingegen ist der Axolotl in all seiner Unausgereiftheit durchaus vollendet: Die ausgebliebene Metamorphose ist ein Hinweis darauf, dass er mit seiner Situation im Großen und Ganzen zufrieden ist. Er könnte sich zu einem prächtigen Querzahnmolch mit Lungenatmung weiterentwickeln – tut es aber einfach nicht. *He would prefer not to*. Mit dem österreichischen Philosophen Robert Pfaller könnte man sagen: Der Axolotl verharrt in seiner »ersten Welt«, obwohl doch eine zweite in greifbarer Nähe läge.

Die erste Welt, so Pfaller, ist unsere Alltagswelt, »die unseres wirklichen Lebens mit allen Mühen, Frustrationen und Kompromissen«. Aber da sie eben profan, alltäglich, frustrierend ist, bringt sie bei den meisten Menschen die Vorstellung einer alternativen »zweiten Welt« hervor: Dies ist die Welt der »Träume, Wünsche und Utopien«, ein Phantasiereich, in dem wir zumindest imaginär verwirklichen können, was uns im Alltag versagt bleibt. In der ersten Welt mögen wir Aushilfskellner, Anwälte, Amphibiologen sein – in der zweiten sind wir Hollywoodschauspieler, Schriftsteller, Popstars. In der ersten Welt sind wir mit Lieschen Müller oder Max Mustermann verheiratet – in der zweiten mit einem hochintelligenten und dabei doch grundbescheidenen Topmodel. Und da sie uns die tröstliche Möglichkeit vorgaukelt, dass wir jederzeit ganz andere, bessere Menschen sein könnten, macht diese alternative Wolkenkuckuckswelt unser erstes, nicht geträumtes Leben überhaupt erst erträglich.

Allerdings, so warnt Pfaller: »Die zweite Welt hat ihrerseits keine zweite Welt.« Jeder Versuch, das ersehnte Illusionsleben zu verwirklichen, führt unweigerlich dazu, dass die lebensrettende Traumwelt verloren geht – und dass sie zudem nicht hält, was sie zuvor, noch ungelebt, versprochen hat.

Anders als wir Menschen scheint sich der Axolotl dieser unbequemen Wahrheit bewusst zu sein und behält daher seine Zweitwelt weiserweise in petto. Er scheint zu wissen, dass sein Lurchleben, wenn er die genetisch in ihm angelegten Möglichkeiten verwirklichte, um keinen Deut besser würde. Er weiß: Wenn er sich verwandelte, würde er sich bloß der Möglichkeit berauben, sich zu verwandeln. Und vor allem: Er wäre kein Axolotl mehr.

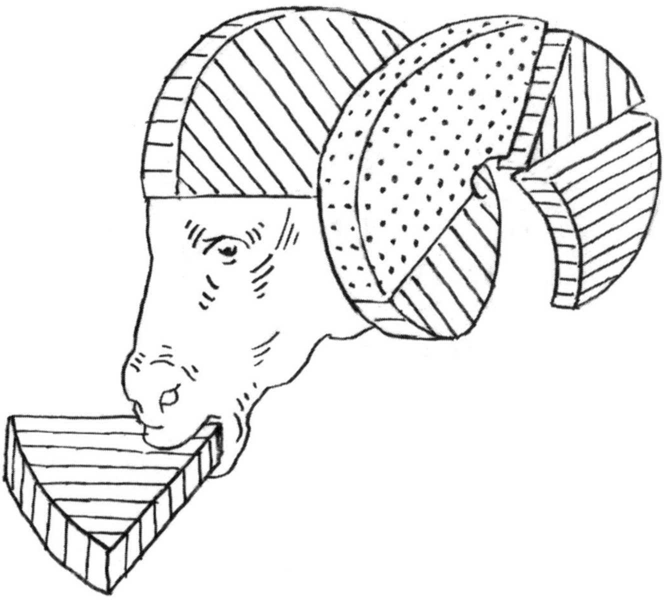

Das Dickhornschaf

Größe spielt doch eine Rolle. Zumindest beim Dickhornschaf, das die Bergregionen des westlichen Nordamerika bewohnt und auch als »Stolz der Rocky Mountains« bezeichnet wird. Die Hörner der Männchen können bis zu achtzig Zentimeter lang und vierzehn Kilo schwer werden, sie drehen sich in einer gewaltigen Windung über die Ohren nach hinten und können bei älteren Exemplaren sogar einen vollständigen 360-Grad-Bogen beschreiben. Weibchen fühlen sich instinktiv zu Böcken mit dem mächtigsten Gehörn hingezogen, weshalb es im Herbst regelmäßig zu Rangordnungskämpfen zwischen Männchen mit ähnlich großen Keratinspiralen kommt. Diese Kämpfe können bis zu vierundzwanzig Stunden dauern und sind so kräftezehrend, dass männliche Dickhornschafe deutlich früher sterben als die Weibchen.

Ein anderer Grund für die geringe Lebenserwartung der Männchen ist der Mensch. Seit dem neunzehnten Jahrhundert stellen ihre dicken Hörner eine begehrte Jagdtrophäe dar, weshalb die Population der Dickhornschafe von ehedem zwei Millionen auf etwa sechzigtausend Exemplare gesunken ist. Ausgerechnet jenes Körperteil, das eigentlich der Verteidigung sowie der Vorherrschaft auf dem Feld der Fortpflanzung dienen soll, stellt also paradoxerweise einen empfindlichen evolutionären Nachteil dar. Ein tragisches Beispiel für eine Waffe, die, im wahrsten Sinn des Wortes, nach hinten losgeht.

Doch zum Glück sind die Schafe nicht so dickköpfig, wie sie dickhornig sind: Sie haben überraschend schnell auf die veränderten evolutionären Parameter reagiert. Seit den frühen Achtzigerjahren sind ihre Gehörne nicht nur merklich dünner, sondern auch im Durchschnitt ein Fünftel kürzer geworden: Da Böcke erst ab einer bestimmten Hornlänge geschossen werden dürfen, erhöhten sich dadurch die Überlebenschancen der Tiere. Diese Entwicklung stellt nicht nur die Darwin'sche Annahme, dass die Evolution ein langsamer, Jahrtausende oder gar -millionen umfassender Prozess sei, infrage. Sie ist auch ein vorbildliches Beispiel für jene Kehrtwende, dic in der Wirtschaftsphilosophie unter dem Stichwort der Wachstumsrücknahme (auch unter dem englischen Begriff *degrowth* oder dem französischen *décroissance* bekannt) verhandelt wird.

Dass die Grenzen des Wachstums erreicht oder gar überschritten sein könnten, ist spätestens seit der Veröffentlichung des ersten Berichts des Club of Rome im

Jahr 1972 allgemein bekannt. Dass der Großteil der Menschheit dennoch bockig an dem Credo festhält, dass kultureller, sozialer, ja selbst ökologischer Fortschritt nur durch immer weiteres Wirtschaftswachstum möglich sei, führt der französische Philosoph und Vordenker der *décroissance*-Bewegung Serge Latouche darauf zurück, dass der »Ökonomismus« geradezu eine Glaubensrichtung darstelle. Er fordert daher eine radikale »Entkolonialisierung unserer Vorstellungswelt«, in der nach wie vor geltende Wertvorstellungen überprüft, ausgemustert und durch grundlegend andere Konzepte ersetzt werden: »Altruismus statt Egoismus, Kooperation statt ungezügelter Konkurrenz, Muße statt zwanghafter Arbeit, gesellschaftliches Miteinander statt grenzenlosen Konsums, (...) Vernunft statt Rationalität.«

Ein Problem, so Latouche, sei allerdings, dass die derzeit gültigen Werte nicht nur quasireligiösen Status, sondern auch Systemcharakter haben: »Sie werden durch das System hervorgebracht und stimuliert, und sie tragen umgekehrt zur Stärkung des Systems bei.« Zur Befreiung von der überkommenen ökonomistischen Heilslehre werde daher wohl »vor allem die erzieherische Wirkung von Katastrophen beitragen«. Eine erschreckende Einschätzung. Wünschenswert wäre, wenn die Population des *Homo sapiens* nicht erst so radikal dezimiert werden müsste wie die des *Ovis canadensis*, bevor es zu einem Umdenken kommt. Die Hornträger aus den Rockies haben sich erfolgreich vom Dogma des unbegrenzten Wachstums befreit. Seien wir keine Schafe. Tun wir es ihnen nach.

Der Flohkrebs

Die Ordnung der Flohkrebse umfasst Schätzungen zufolge um die vierzigtausend Arten, die Tierchen sind in allen Meeren der Erde zu Hause, vom Äquator bis zum Polarkreis. Aus diesem sprichwörtlichen Sack Flöhe springt nun eine Spezies ins Auge (hoffentlich nur im übertragenen Sinn!): nämlich die vor der Westküste Nordamerikas, vor Westafrika sowie Australien beheimatete Art mit der wissenschaftlichen Bezeichnung *Streetsia challengeri*. Für einen deutschen Vulgärnamen sind die Tierchen leider nicht bekannt genug.

Dabei hätten die knapp zwei Zentimeter großen Hüpfer durchaus Berühmtheit verdient. Die beiden Augen dieser Flohkrebsart sind nämlich, in der Tierwelt einzigartig, im Lauf der Evolution zu einem einzigen zylindrischen Lichtrezeptor zusammengewachsen: Wie ein in die Länge gezogener, gallertartiger Taucherhelm thront das Organ auf dem Brustkorb und erlaubt den Flohkrebsen einen 360-Grad-Blick auf ihre Umgebung. Fressfeinde, die sich unbemerkt an ein solches gepanzertes Panoptikum heranpirschen wollen, müssen extrem gut getarnt oder aber sehr schnell sein.

Schade, dass Ralph Waldo Emerson die Krustentierchen nicht mehr kennenlernen durfte – er starb 1882, sechs Jahre bevor die Art erstmals beschrieben wurde. Der Philosoph hätte, so dürfen wir vermuten, seine helle Freude an den kleinen Zyklopen gehabt. Schließlich gleicht ihr Körperbau auf frappierende Weise dem des begeisterten, seine Umwelt mit allen Lichtsinnen aufsaugenden Menschen, wie Emerson ihn in seinem Essay »Natur« beschreibt: »Ich werde zu einem durchsichtigen Augapfel; ich bin nichts; ich sehe alles.« Auf einer zeitgenössischen Karikatur sieht man den Philosophen denn auch als landgängigen Verwandten der *Streetsia challengeri* durch Neuengland wanken – auf seinem schlaksigen, flohbeinigen Körper sitzt anstelle des Kopfes ein allsehender *transparent eyeball.*

Mit dieser zugegebenermaßen etwas bizarren, zum Spott anstachelnden Metapher wollte Emerson eine neue Form des Sehens und das heißt vor allem: der Naturerfahrung verdeutlichen. Der Augensinn der meisten Erwachsenen, so der Dichterphilosoph, sei nur oberflächlich: Die Wahrnehmung erreiche allenfalls die Retina, nicht aber das »Herz«. Das wahre, tiefe Sehen hingegen, wie es vor allem Kindern und Dichtern zu eigen sei, dringe bis zu den »inneren Sinnen« des Menschen vor und bringe diese in Schwingung; ja, es versetze den Geist in einen solchen harmonischen Gleichklang mit der Natur, dass die Grenzen zwischen Ich und Welt verschwimmen. Der Mensch erkennt sich als Verwandter der Pflanzen und Tiere, sein Selbst löst sich auf wie ein Salzkorn im Ozean – oder wie es Emerson in flohkrebskompatibler Meeresmetaphorik ausdrückt: »die Ströme des universellen Wesens durchwogen mich; ich bin ein Teil oder Splitter Gottes.«

Ob einem Flohkrebs, wenn er Hunderte von Metern unter dem Meeresspiegel durch den Ozean wogt, auch solche tiefschürfend-transzendentalistischen Gedanken durch den transparenten Augapfel gehen? Oder ist er doch vor allem darauf bedacht, nicht zum Teil oder Splitter im Maul eines Raubfischs zu werden? Fest steht: Von der unvoreingenommenen Offenheit, mit welcher der Flohkrebs *Streetsia challengeri* seine Umwelt betrachtet, könnten wir missmutig dreinblickenden Zweiaugen uns eine Scheibe abschneiden. Er schaut nichts und niemanden scheel an. Er nimmt kein Gegenüber kritisch ins Visier. Er starrt keinen fremden Krustentierweibchen hinterher und verdreht niemals genervt die Augen. Ohne mit der Wimper zu zucken, lässt er die Sinneseindrücke auf sich einströmen. Wenn wir das Glück haben, einmal beim Tauchen einem Exemplar dieser Art zu begegnen, sollten wir es also ehrfürchtig von allen Seiten betrachten und ihm dann liebevoll zublubbern: Ich schau dir in das Auge, Kleines.

Der Löwe

Nachdem König Richard I. sich während des Dritten Kreuzzugs durch besondere Tapfer- und Grausamkeit ausgezeichnet hatte, erhielt er den Beinamen »Löwenherz«. Als der Shakespeare'sche Macbeth den drei Hexen auf der Heide begegnet, raten sie ihm: »Sey muthig wie ein Löwe.« Und die dem »tapferen bayerischen Heere« gewidmete Feldherrnhalle im Zentrum von München wird von zwei stattlichen, steinernen Großkatzen bewacht.

Schon diese drei willkürlich an der Mähne herbeigezogenen Beispiele zeigen: Der Löwe gilt nicht nur in gut monarchistischer Metaphorik als »König der Tiere«, sondern auch als Inbegriff der Kühnheit. Das ist insofern interessant, als das Bild, das vor allem männliche Exemplare der Gattung *Panthera leo* dem unbefangenen Zoobesucher vermitteln, ein völlig anderes ist. Wenn man nicht gerade das Glück hat, zur Fütterungszeit im Raubtierhaus zu sein, sieht man im Löwenkäfig meist nichts weiter als einen schnarchenden Haufen aus sandfarbenem Fell, dessen heroischste Handlung darin besteht, gelegentlich die Glieder zu recken und in Richtung der Betrachter durch das Gitter zu urinieren. Auch wenn dieses wenig majestätisch anmutende Verhalten der Käfighaltung geschuldet ist – fest steht: Löwenmännchen sind, im Zoo wie in freier Wildbahn, ausgesprochen faul. Um die zwanzig Stunden pro Tag verbringen sie damit, im Schatten zu liegen und am Savannenboden zu lauschen. Ist ihr heldenhafter Ruf überhaupt gerechtfertigt?

Womöglich beruht der Heroismus der Löwen gerade hierauf: auf ihrem gesunden Schlaf. Wie der slowenische Philosoph Slavoj Žižek in einem Aufsatz zu Sigmund Freuds *Traumdeutung* argumentiert, besteht die Traumarbeit nämlich wesentlich darin, dass wir »einen bestimmten drängenden, aber beunruhigenden Gedanken, dessen wir uns völlig bewusst sind, loswerden« wollen. Zu diesem Zweck verzerren wir ihn und »übersetzen ihn in die Hieroglyphen des Traums«. Diese Hieroglyphen, so Žižeks Pointe, sind nun aber oft erschreckender als die Erlebnisse des Tages, die sie verarbeiten sollen: Sie sind »viel unerträglicher als die äußere Wirklichkeit«. Wir wachen also nicht etwa auf, weil wir von der kalten Realität aus süßen Träumen gerissen werden – im Gegenteil: Wir wachen auf, um dem Grauen unserer Träume zu entfliehen. »Darin liegt die große Lehre von Freuds Traumdeutung: Die Wirklichkeit ist etwas für diejenigen, die den Traum nicht aushalten können.« Oder kurz und polemisch: »Wach sein ist feige.«

Leider wissen wir nicht, wovon Löwen den lieben langen Tag träumen (und einer berühmten Bemerkung Ludwig Wittgensteins zufolge: Selbst wenn sie sprechen und uns davon erzählen könnten, würden wir es nicht verstehen). Aber: *Dass* Löwen träumen ist unbestritten. Bis zu fünfundzwanzig Prozent ihrer Schlafzeit verbringen höhere Säugetiere in der REM-Phase, genauso viel wie wir Menschen. Bis zu fünf Stunden täglich beschäftigt sich das wackere Löwenmännchen also mit der Traumarbeit, entziffert die entsetzlichen Hieroglyphen seiner Träume, stellt sich seinen Dämonen. Andere, furchtsamere Tiere würden in die Wachwelt entfliehen – nicht so der König der Tiere. Er gähnt nur einmal kurz und mannhaft und dreht sich dann tollkühn auf die andere Seite.

Eine beneidenswerte Fähigkeit. Und: Ein Trost für alle Menschen, die gerne etwas länger auf dem faulen Pelz liegen. Sie können mit Fug und Recht von sich behaupten: Ich schlafe nicht – ich kämpfe wie ein Löwe.

Der Schwan

Vor Jahren sah ich im Unteren Schlossgarten von Stuttgart einen Höckerschwan. Das wäre an sich nicht weiter bemerkenswert, der Schlossgarten wimmelt nur so von Schwänen – wenn das Tier nicht gerade gebrütet und sich zur Eiertemperierung ausgerechnet in einem jener hässlichen quadratischen Waschbetonzuber niedergelassen hätte, die seit den Sechzigerjahren unsere innerstädtischen Anlagen prägen. Mit der diesen Vögeln eigenen Würde thronte der Schwan zwischen Zebraschilf und Stiefmütterchen und betrachtete majestätisch die um ihn herumschwänzelnden Spaziergänger, Skateboarder und kommunalen Reinigungskräfte. Nur wenn man ihm zu nahe kam, reckte er den Hals und ließ ein warnendes Zischen ertönen.

Ungestörtes Nisten sieht anders aus – aber aus symbolischer Sicht hatte der Schwan seinen Brutplatz glänzend gewählt, befand er sich doch direkt vor dem Eingang zur Stuttgarter Staatsoper. Keine hundert Meter entfernt chauffierte regelmäßig ein artifizieller Artgenosse von ihm den Wagner'schen Lohengrin über die Bühne, und Ballerinen tanzten in weißen Federflaumkleidchen den *Schwanensee*. Oder wusste der Schwan, dass ihm, obwohl er sich auf einem Präsentierteller für potenzielle Fressfeinde und marodierende Jugendliche niedergelassen hatte, nichts passieren würde?

Schließlich gelten Schwäne traditionell als Vögel der Weissagung; nicht von ungefähr sagt man bei bösen Vorahnungen, dass einem »etwas schwant«. Schon Sokrates rühmte die Tatsache, dass Schwäne ihren Tod vorhersehen können, ja dass sie diesem, wenn er sie an den Schwungfedern packt, sogar freudvoll ins Auge blicken. »(E)s kommt mir vor als hieltet ihr von meiner Wahrsagekunst weniger als von der der Schwäne«, tadelt er im *Phaidon*, die baldige Hinrichtung erwartend, seine Jünger: »die, auch sonst schon dem Gesange nicht abhold, dann, wenn sie das Nahen des Todes spüren, am meisten und am kräftigsten singen aus Freude darüber, daß sie nun im Begriff sind, zu dem Gott zu gelangen, dessen Diener sie sind.« Gemeint ist Apollon, der Gott der Weissagung und des Gesangs.

Sokrates zufolge sind Schwäne also nichts weniger als der Inbegriff des auf die jenseitige Welt bezogenen, dem Diesseits den Bürzel zuwendenden Lebens – und das heißt nicht zuletzt: Sie sind wahre Philosophen. »Philosophieren heißt sterben lernen«, wie Montaigne, den fraglichen Platon-Dialog paraphrasierend, einmal bemerkte: Man müsse den Tod seiner Unheimlichkeit berauben, indem man regelmäßigen Umgang mit ihm pflege, indem man an nichts anderes so häufig denke wie an ihn. Denn, so Montaigne: »Wer die Menschen sterben lehrte, würde sie leben lehrn.« Vielleicht schöpfen die Schwäne ja hieraus ihre hinreißende Ruhe: dass sie andauernd furchtlos bis freudvoll das eigene Ende antizipieren.

Leider können wir hierüber nur Mutmaßungen anstellen, da sich die Schwäne uns Menschen gegenüber zu dem Thema nicht semantisch präzise äußern.[2] Und auch der Schwanen-Intimus Lohengrin, der mit dem Innenleben dieser Entenvögel besser vertraut sein dürfte als irgendwer sonst, mag sein hellseherisches Wissen nicht mit den Normalsterblichen teilen: »Nie sollst Du mich befragen, / noch Wissens Sorge tragen«, warnt er in der Wagner-Oper seine Verlobte. Als sie es doch tut, geht sie an der Wahrheit zugrunde.

Womöglich bleibt das Sterbenlernen, jene philosophische Königsdisziplin, welche die Schwäne so meisterhaft beherrschen, also eine Kunst, die am Ende jeder für sich allein ausbrüten muss. Dazu passt auch die einzig klar vernehmbare Todesweisheit dieser mythischen Vögel, die da, in Anlehnung an Ludwig Wittgenstein, lautet: Worüber man nicht sprechen kann, darüber muss man singen.

---

2 Wie das Schnirpen der Amseln, siehe Seite 7 ff., ist auch der Schwanengesang pansemisch.

Das Kamel

Der Ausdruck »Kamel« gilt bekanntlich als Schimpfwort, und auch »Trampeltier« – der Vulgärname für das Zweihöckrige Kamel – dürfte schwerlich als Kompliment verstanden werden. Dabei gibt es etliches, was wir von den gutmütigen Schwielensohlern lernen könnten. Wie man bei einem Sandsturm die Nasenlöcher verschließt zum Beispiel. Wie man bei Hitze die Körpertemperatur um bis zu sechs Grad anhebt, sodass man nicht schwitzt. Wie man mehr als zwei Wochen ohne Wasser auskommen kann. Wie man überschüssige Kalorien in harmonisch geschwungenen Fettpolstern auf dem Rücken deponiert (und bei Bedarf auch wieder abbaut). Vor allem aber: wie man wahrhaft inbrünstig singt.

Kamelhengste haben in ihrem Rachen einen knapp fußballgroßen Hautsack, der als »Brüllsack«, »Brüllbeutel« oder – deutlich poetischer – als »Gaumensegel« bezeichnet wird. Während der Paarungszeit, die von Oktober bis März währt, stülpen sie diesen immer wieder unter beträchtlicher Schaumentwicklung aus dem Maul und stoßen dabei einen tiefen, schlüpfrig-blubbernden Brunftlaut aus, der an das Quaken eines sehr, sehr dicken Teichfroschs erinnert. Im Nachgang baumelt der Brüllbeutel noch ein paar Momente wie ein leerer Luftballon aus dem Mundwinkel; dann wird er zurückgesogen und aufs Neue gefüllt.

Roland Barthes wäre begeistert: Keine andere Tierart verkörpert so eindrücklich das Ideal der »Rauheit der Stimme«, wie er es in seinem gleichnamigen, erstmals 1972 erschienenen Aufsatz für das Magazin *Musique en jeu* beschrieben hat. Der Philosoph unterscheidet darin zwei Arten des Gesangs: einerseits den glatten, auf Verständlichkeit und Struktur bedachten »Phänogesang«; er führt bestenfalls zu einer oberflächlichen intellektuellen Befriedigung, dem, was Barthes an anderer Stelle abwertend »Lust« *(plaisir)* genannt hat. Und andererseits den rauen, wahrhaft körperlichen »Genogesang«: Er rückt die Materialität der Stimme in den Vordergrund. Er macht »die Zunge, die Stimmritze, die Zähne, die Innenwände, die Nase« – und wir könnten ergänzen: das Gaumensegel – hörbar und führt geradewegs zur »Wollust« *(jouissance)*. Dies ist die Gesangstechnik des Kamelhengstes: Er gibt beim Balzen die Integrität seines Körpers preis, er stülpt sein Innerstes nach außen – und der Erfolg gibt ihm recht: Auf das zünftig-brünftige Brüllen folgt über kurz oder lang die Paarung.

Oder hat das Brüllen neben dieser erotisch-körperlichen Komponente auch eine metaphysische Dimension? Schließlich gilt der Hauch, der beim Singen aus dem Leib strömt, bereits seit der Antike als Symbol für den Geist, für die den Körper beseelende Lebenskraft: »Der Atem ist das *pneuma*«, schreibt Barthes, »die anschwellende oder zusammenbrechende Seele.« Auf die Welt der Dromedare und Trampeltiere übertragen: Der Kamelhengst schreit sich beim Balzen, wie man so sagt, die Seele aus dem Leib – aber im Gegensatz zum Menschen kann er sie einfach mit einer lockeren Schluckbewegung zurückholen. Er gibt alles, bekommt aber auch alles wieder zurück. Er ist ein Teilzeit-Zombie: im einen Moment entseelt, im nächsten schon wieder inbrünstig und *soulful* singend.

Und wenn er trotz dieser tollen Eigenschaften von seinen Weibchen in die Wüste geschickt wird? Na: Für diesen Fall hat er ja immer noch seine Wasser- und Fettreserven, sein Körperthermostat sowie seine verschließbaren Nasenlöcher.

Der Specht

Warum bekommt der Specht kein Kopfweh? Die Frage zählt zu den beliebtesten Prüfungsaufgaben im Biologieunterricht, und ihre Dringlichkeit leuchtet wohl jedem Schüler unmittelbar ein: Wer zwölftausendmal am Tag sein Gesicht mit einer Geschwindigkeit von bis zu fünfundzwanzig Stundenkilometern gegen ein Stück Holz haut, der ist offenbar nicht ganz richtig im Kopf – und hat hinterher zudem garantiert einen infernalischen Brummschädel. Tock, tock, tock.

Anatomisch gesehen ist die Frage relativ leicht zu beantworten: Das Vogelhirn füllt den ihn umgebenden Schädel beinahe vollständig aus, schwappt also nicht wie beim Menschen bei jeder Erschütterung in der Zerebrospinalflüssigkeit herum. Hinzu kommt, dass das Stirnbein des Spechts über dem Schnabel mit Knochenbalken verstärkt ist. Vor allem aber ist der Schnabel durch eine Reihe von gegen die Schlagrichtung gespannten Muskeln, die wie ein Stoßdämpfer wirken, mit dem Schädel verbunden.

Psychologisch betrachtet ist die Frage schon deutlich komplizierter. Schließlich ist der Specht ein besessener, ja monomanischer Kopfarbeiter, der sich mit unglaublicher Hartnäckigkeit in seine Aufgaben verbohrt. Wenn ein Buntspecht für seinen Nachwuchs eine Wohnhöhle zimmert, kann diese Arbeit bis zu zwei Wochen in Anspruch nehmen. Vierzehn lange Tage, in denen sich der Vogel an ein und derselben Stelle abarbeitet, sich in seinen Baumstamm, sein Projekt vergräbt wie ein menschlicher Workaholic in seinen Job. »Höhle, Höhle, Höhle«, denkt der Specht und hämmert, hämmert, hämmert, und zwar mit solcher Wucht, dass er bei jedem Schlag die Lider schließen muss, damit ihm nicht die Augäpfel aus den Höhlen purzeln. Wollte man eine ornithologische Leitdifferenz aufmachen, könnte man sagen: Der Specht ist das Gegenmodell zum Baumläufer, der immer nur husch-husch den Stamm emporrennt und mit seinem dünnen Pinzettschnabel hier und da oberflächlich in der Borke stochert. Der Specht geht in die Tiefe. Er ist im ursprünglichen Wortsinne ein Grübler: einer, der *gräbt*.

Warum also empfindet der Specht bei dieser physiologisch und psychisch fordernden Dickbrettbohrerei keine Schmerzen? Wieso schwirrt ihm auch nach hunderttausendfachem Nachhaken und -hacken nicht der Kopf? Die einzige Erklärung, die uns nach langem und intensivem Grübeln und Graben einfällt: Der Specht, das kluge Tier, betrachtet sein Hämmern weder als körperliche noch als geistige Arbeit, sondern schlicht als *samu*. Mit diesem japanischen Wort bezeichnet man im Zen-Buddhismus einfache, repetitive Tätigkeiten wie Fegen, Wischen, Gemüseschneiden, Gartenarbeit oder eben Holzhacken. Die Arbeiten werden zumeist im klösterlichen Kontext ausgeübt und sollen, ähnlich wie die Sitzmeditation *(zazen)*, im Idealfall zur Erleuchtung, zum Gewahrwerden des universellen Wesens führen. Entscheidend ist allerdings, dass *samu* nicht egoistisch und zielorientiert, sondern mit Hingabe und Achtsamkeit ausgeführt wird: stetig, rhythmisch, auf die Sache konzentriert, ohne den Sinn der Aufgabe zu hinterfragen.

Dies also wäre der Weg des Spechtes: Suchen Sie sich eine meditative Tätigkeit. Versenken Sie sich darin wie ein *Dendrocopos major* in einer wurmstichigen Buche: mit Geist und Physis, Kopf und Körper, beharrlich und geduldig wie ein Zimmermann des Waldes. Versuchen Sie nicht, mit dem Kopf durch den Baum zu rennen – bearbeiten Sie ihn mit so kraftvollen wie wohldosierten Schlägen, bis Sie zu guter Letzt das Wesen der Dinge zu erkennen meinen, oder doch immerhin die Höhle am Ende des Tunnels. Und wenn Ihnen Ihre Arbeit nach einigen Hunderttausend immer gleichen Bewegungen langweilig zu werden droht – klagen Sie nicht, halten Sie den Schnabel. Und wenn …

Wie bitte? Bereits der Gedanke daran verursacht Ihnen hämmernde Kopfschmerzen? Dann sind Sie leider schlecht als Specht. Dann suchen Sie sich besser einen anderen Weg zur Erkenntnis. Versuchen Sie es lieber als Baumläufer.

Der Pacú

Ihr Anblick ist Furcht einflößend: Die in den Flussgebieten des tropischen Südamerika beheimateten Pacús können über einen Meter lang und an die dreißig Kilo schwer werden. Mit ihrem scheibenförmigen Körper und ihren kräftigen Kiefern erinnern sie an Piranhas, und auch wenn ihre Zähne weniger spitz sind als die ihrer berühmt-berüchtigten Verwandten, stellen Pacús angeblich für Männer eine ernst zu nehmende Gefahr dar. In englischsprachigen Ländern werden sie blumig als *ball cutters* bezeichnet. Und als vor wenigen Jahren ein verirrtes Exemplar dieser Salmlerart vor Kopenhagen gesichtet wurde, rieten dänische Zeitungen allen Ostseeschwimmern, auf den ordnungsgemäßen Sitz ihrer Badehose zu achten.

Bei letzterer Meldung handelt es sich wohl um Anglerlatein: In Wahrheit sind ausgewachsene Pacús ausnehmend friedfertige Fische, die in aller Regel nur pflanzliche Nüsse knacken und sich bevorzugt von den ölhaltigen Samen des Kautschukbaums ernähren. Dass sie eine vegetarische Kost bevorzugen, ist allerdings erstaunlich: Schließlich haben Pacús in ihrer Kindheit ein ausgeprägtes Faible für Fleisch. Sie werden als Karnivoren geboren und fressen anfangs vorwiegend Schnecken, Insekten und andere Kleintiere. Erst im Erwachsenenalter verlassen sie die Irrwege ihrer Jugend und beginnen, sich am vegetarischen Gedanken moralisch emporzuranken.

Damit vollziehen sie eine gastrophilosophische Wende, die der antike Schriftsteller Plutarch seiner Gattung schon vor zweitausend Jahren ans Herz legte. Die Menschen früherer Zeiten, argumentiert er in seiner Schrift »Über das Fleischessen«, hätten sich noch auf einen Mangel an Ernährungsalternativen berufen können, um ihren Aaskonsum zu rechtfertigen. »Oh ihr Seligen, ihr Lieblinge der Götter, die ihr jetzt lebt«, lässt er sie neidvoll aus der Vergangenheit herüberrufen: »Ihr könnt im Überfluss schwelgen, ohne euch mit Blut zu besudeln. Wir aber begannen unser Leben in einem Zeitalter voller Schrecken und Düsternis. (…) Der Hunger ließ uns keine Zeit, und keine Saat, wenn sie auch da war, erreichte den Zeitpunkt ihrer Reife. Kein Wunder also, wenn wir, entgegen der Natur, uns am Fleisch der Tiere vergriffen.« Inzwischen, so die Geister der Vergangenheit, sei jedoch alles, was für eine fleischlose Ernährung vonnöten sei, im Überfluss vorhanden. Wer immer noch Tiere esse, handle daher aus Gefräßigkeit, Genusssucht oder schierer »Lust am Töten«.

Dem ist aus heutiger Sicht nur wenig hinzuzufügen. Wir wissen noch weitaus präziser als Plutarch und seine Zeitgenossen, dass es sich bei Tieren um leidensfähige Wesen handelt, die über je eigene Interessen, Wahrnehmungen und Empfindungen verfügen. Es ist für uns sehr viel leichter als für einen Menschen der Spätantike (zumal wenn er, wie Plutarch, im provinziellen Böotien wohnte), vegetarisch einzukaufen und zu essen. Dennoch frönen wir weiterhin fröhlich der Fleischeslust: Im Lauf eines Lebens verzehren wir, wenn wir der Gattung der Durchschnittsdeutschen angehören, um die siebenhundert tote Tiere – Speisefische wie die Pacús nicht mitgerechnet.

Was könnten die südamerikanischen Salmler, wären sie nicht stumm wie die Fische, uns also sagen? Erstens: Auch wenn die Sozialisation oder das Zahnschema uns scheinbar zum Fleischkonsum prädestinieren, können wir uns auch noch im reiferen Alter für eine fleischlose Kost entscheiden. Es ist nie zu spät für eine vegetarische Diät. Zweitens: Wir können, auch über die Grenzen der eigenen Art hinweg, das Recht und Interesse anderer Wesen, ein Leben ohne Leiden zu führen, erkennen und respektieren; wenn Pacús im Erwachsenenalter ihr einstmals so heiß geliebtes Zooplankton verschmähen, handeln sie in vorbildlicher Weise antispeziesistisch. Und drittens: Bei aller Liebe zum Antispeziesismus – wir reden hier von schlichten, scheibenförmigen Süßwasserfischen! Und was stumme, glubschäugige Pacús vermögen, das sollte für Menschen doch eigentlich ein Leichtes sein.

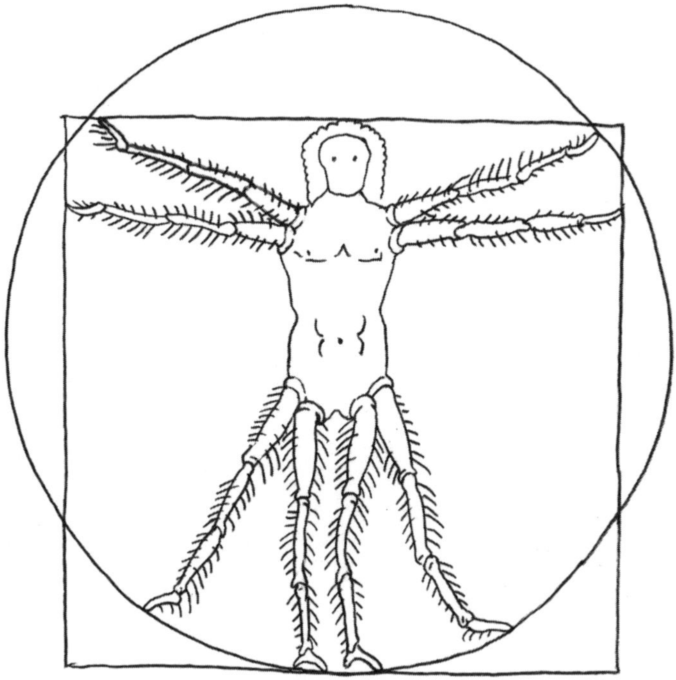

Die Radlerspinne

Manchmal verrät der Name schon alles. Die hervorstechendste Eigenschaft der im südöstlichen Marokko heimischen Radlerspinne – auch marokkanische Flickflack-Spinne genannt – besteht darin, dass sie als einzige Spinnenart aus eigener Kraft ein Rad schlagen kann. Beziehungsweise eine ganze Reihe davon, vorwärts wie rückwärts, bergab und bergauf: Wenn sich die knapp zwei Zentimeter großen Tierchen bedroht fühlen (oder es aber auf einen Schmetterling oder anderen Leckerbissen abgesehen haben), geben sie ihre krabbelnde Fortbewegungsweise auf und verdoppeln ihr ohnehin beachtliches Lauftempo. Mit einer Geschwindigkeit von bis zu zwei Metern pro Sekunde rollen sie durch die Dünen der Erg-Chebbi-Wüste und bringen sich im Körperumdrehen in Sicherheit (beziehungsweise stürzen sich auf ihr überraschtes Opfer). Selbst Steigungen von vierzig Prozent stellen für die achtbeinigen Turner kein ernsthaftes Problem dar.

Ihren wissenschaftlichen Namen *Cebrennus rechenbergi* verdankt die Art ihrem Entdecker, dem Bioniker Ingo Rechenberg von der Technischen Universität

Berlin. Erstmals beschrieben wurde sie 2014 – was insoweit erstaunt, als eine passende Beschreibung für die Tiere schon seit zweitausendvierhundert Jahren vorliegt: »Man ging nicht nur aufrecht wie jetzt beliebig in der einen oder der anderen Richtung, sondern, wenn sie es eilig hatten, machten sie es wie die Radschlager, die mit gerade emporgestreckten Beinen sich im Kreise herumschwingen: auf ihre damaligen acht Gliedmaßen gestützt, bewegten sie sich im Kreisschwung rasch vorwärts.« So steht es in Platons *Symposion* – allerdings nicht im Hinblick auf die nordafrikanische Riesenkrabbenspinnenart, sondern auf den Menschen.

Ursprünglich, so Platon (beziehungsweise der Komödiendichter Aristophanes, dem der Philosoph diese Worte in den Mund legt), sei nämlich »die ganze Gestalt eines jeden Menschen rund« gewesen, »indem Rücken und Seiten eine Kugel bildeten; Hände aber hatte ein jeder vier und ebenso viele Füße«: unverkennbar die Beschreibung einer Spinne. Im Gegensatz zu Angehörigen der Spezies *Cebrennus rechenbergi* nutzten die Spinnenmenschen ihre anatomische Sonderausstattung allerdings nicht, um steile Wüstendünen zu erklimmen, sondern um sich geradewegs »den Weg zum Himmel zu bahnen, um den Göttern zu Leibe zu gehen«. Klar, dass die Götter diesem anmaßenden Treiben nicht tatenlos zusehen konnten: Sie schnitten die Menschen in zwei Hälften, zurrten die überschüssigen Hautenden zum

Nabel zusammen und drehten die Gesichter in Richtung der Schnittfläche, um die Tunichtgute auf ewig an ihre Hybris zu erinnern.

Und die Menschen? Haben nichts daraus gelernt! Suchen, wie Aristophanes weiter ausführt, seitdem verzweifelt nach ihrer jeweils anderen Hälfte, um ihre kugelrunde Ur-Einheit wiederzuerlangen und das Tier mit den acht Beinen zu machen. Oder aber sie bemühen sich, ihre körperlichen Defizite durch technischen Fortschritt zu kompensieren: Professor Ingo Rechenberg etwa hat es sich zum Ziel gesetzt, einen Roboter nach dem Vorbild der Spinne zu konstruieren – in Anlehnung an das Berberwort für Spinne, *tabacha*, nennt er ihn Tabbot. Wie eine Radlerspinne bewegt sich der Tabbot durch eine Reihe von Flickflacks vorwärts und könnte nach Vorstellung seines Erfinders dereinst in der Raumfahrt, zum Beispiel bei Marsmissionen, eingesetzt werden.

Vorsicht!, möchte man dem wackeren Professor zurufen: Die Götter haben es nicht gern, wenn man ihnen zu nahe kommt – zumal auf acht Extremitäten. Als warnendes Beispiel mag wiederum die Radlerspinne *Cebrennus rechenbergi* dienen: Wenn sie zu lange in der sengenden Saharahitze dünenaufwärts turnt, kann es passieren, dass sie plötzlich vor Erschöpfung tot zusammenbricht.

Der Vogel Strauß

Unter uns unbefiederten Zweifüßern gelten die übermannsgroßen Laufvögel als schlechtes Vorbild, und das schon seit zweitausend Jahren.[3] So amüsierte sich bereits Plinius der Ältere in der *Naturgeschichte* über die »Albernheit« der Straußenvögel, die darin bestehe, »daß sie sich bei einem solch hohen Wuchs des übrigen Körpers schon für verborgen halten, wenn sie nur ihren Hals im Gebüsch versteckt haben«. Dieses Vorurteil lebt bis heute fort: Wer nach Vogel-Strauß-Prinzipien handelt, Vogel-Strauß-Politik betreibt oder gar versucht, ein Informatikproblem durch einen Vogel-Strauß-Algorithmus zu lösen, der steht im Verdacht, der Wahrheit nicht ins Auge sehen zu wollen. Er steckt den sprichwörtlichen Kopf in den Sand und hofft, dass sich das Problem, der politische Missstand beziehungsweise der Computer-Deadlock durch konsequentes Ignorieren in Wohlgefallen auflösen werden. Ein Verhalten, wie es sonst nur kleine

[3] Zum Begriff der unbefiederten Zweifüßigkeit sowie dem schwer festzumachenden Unterschied zwischen Vögeln und Menschen mehr im Kapitel »Das Hähnchen«.

Kinder oder eben dumme, flugunfähige Laufvögel an den Tag legen. Oder?

Bei genauerer Betrachtung befinden sich die Strauße – wie auch die nach ihrem Beispiel handelnden Menschen – nämlich in bester philosophischer Gesellschaft. Sie verfahren nach den Grundsätzen des radikalen Sensualismus, als deren berühmtester Vertreter der Philosoph und Theologe George Berkeley gilt. In seinem 1710 erschienenen Hauptwerk *A Treatise Concerning the Principles of Human Knowledge* argumentierte der spätere Bischof von Cloyne, gegen den erstarkenden Materialismus seiner Zeit, »daß es keine andere Substanz gibt als Geist oder das, was wahrnimmt«: Was nicht gesehen, gehört, geschmeckt, gerochen oder gefühlt werden kann, existiert demzufolge nicht. Alles, was wir über die materielle Welt wissen, verdanken wir unseren Sinneseindrücken – umgekehrt bedingt erst die sinnliche Wahrnehmung das Sein. *Esse est percipi*, lautet die berühmte Formel, auf die der irische Gelehrte diesen Gedanken brachte: Sein ist Wahrgenommen-Werden.

Im Hinblick auf konkrete Gegenstände und Wesen mag eine solche radikal-sensualistische Haltung weltfremd wirken: Der viel beschworene Baum im Walde steht mit ziemlicher Sicherheit auch dann da, wenn kein Spaziergänger in der Nähe ist, um ihn zu betrachten. Und der hungrige Leopard löst sich nicht einfach in

Luft auf, nur weil der von ihm attackierte Strauß seine Sinnesorgane mit Savannensand verstopft. Im Hinblick auf Abstrakta dürfte das Vogel-Strauß-Prinzip hingegen durchaus ein probates Mittel sein, um diese zum Verschwinden zu bringen. Emotionale Zustände wie Fremdenhass, Angst oder Misstrauen etwa verdanken ihr Dasein ausschließlich der Tatsache, dass sie empfunden werden: Sie verfügen über keine autonome Existenz jenseits eines Bewusstseins, das sie registriert. Und: Sie sind, wie eine Raubkatze, auf immer neue Nahrung angewiesen; auf Bilder von Terror, Gewalt und Gefahr, auf das stetige Sirren der sozialen Netzwerke und das bedrohliche Rauschen des Blätterwalds. Gefühle, vor allem solche negativer Art, wollen gefüttert werden. Wer sie von Zeit zu Zeit auf Diät setzt, kann sie zumindest klein und schmächtig halten.

Anders gesagt: Angesichts der Masse an Berichten über Krisen, Anschläge und Katastrophen, die unsere TV-Schirme und Touchscreens zum Glühen bringen wie Sonne den Wüstensand, ist ein solches – nennen wir es nach dem lateinischen Namen für die Gattung der Strauße: *struthionisches* – Verhalten womöglich das einzig vernünftige. Einfach kurz den Kopf in kühleren Erdschichten versenken, die Augen verschließen, Ohren verstopfen und die wohltuende Dunkelheit und Stille genießen. Dann ganz langsam und vorsichtig wieder aus der Versenkung auftauchen und überprüfen, ob es sich bei den Bildern herannahender Gefährder tatsächlich um Raubtiere aus Fleisch und Blut handelte – oder doch eher um eine durch das Flimmern der Bildschirme herangezoomte Fata Morgana. Nach dem Vogel-Strauß-Prinzip zu handeln bedeutet nicht, dass man die Außenwelt ignoriert. Es heißt nur, dass man gelegentlich die Türen des Bewusstseins schließt, um kühlen Kopf zu bewahren.

P.S. Die schlechte Nachricht: Straußenvögel stecken gar nicht den Kopf in den Sand – im Gegenteil, wenn sie sich bedroht fühlen, rennen sie mit siebzig Stundenkilometern davon oder teilen mit ihren krallenbewehrten Füßen solch kraftvolle Tritte aus, dass selbst Leoparden den Schwanz einziehen. Wenn Strauße ihren Miniaturschädel in Richtung Boden strecken, dann entweder, um mit dem Schnabel ihr Gelege zu sortieren oder ganz profan um zu fressen. Der Eindruck, dass sie den Kopf im Savannenboden versenken, ist eine optische Täuschung.

P.P.S. Die gute Nachricht: Wenn man den Satz von Bischof Berkeley ernst nimmt, demzufolge jedes *esse* sich einem *percipi* verdankt, jede Wahrheit also das Resultat einer Wahrnehmung ist – dann stimmt die Rede vom Vogel-Strauß-Prinzip doch. Wenn Menschen seit Jahrtausenden diese Tiere dabei beobachten, wie sie den Kopf in den Sand stecken, dann tun sie das auch.

Die Kuh

Das Idol meiner Kindheit hieß Millie. Obschon sie erst zwölf war, kam sie mir ungeheuer alt, reif und weise vor. Sie war größer und stärker als ich, hatte wunderschönes rötlich gelbes Haar, außerdem kluge, kreisrunde Augen, aus denen sie mich, wann immer wir uns begegneten, mit Wohlwollen und Neugier zu betrachten schien. Vor allem aber war sie stets beneidenswert ruhig und gelassen; nur einmal, als ich sie versehentlich beim Füttern mit der Heugabel in die Nase pikste, verlor sie die Contenance.

Millie war eine Kuh; ein fränkisches Gelbvieh, um genau zu sein. Und sie stand beziehungsweise lag mit ihrer viehischen Ausgeglichenheit nicht alleine da: Wie kaum eine andere Tierart gelten die Hausrinder als Inbegriff der Sanftmut und Geduld. »Alle guten Dinge haben etwas Lässiges und liegen wie Kühe auf der Wiese«, wusste schon Friedrich Nietzsche. Inzwischen bieten Webseiten beruhigende Muh- und Malmgeräusche für das gestresste Bürovieh zum Download an, und witzig gemeinte Selbsthilfebücher mit Titeln wie *Pflücke den Klee* stilisieren das Hausrind zum Vorzeigeyogi. Die Kuh ist, neben ihrer traditionellen Rolle als Milch- und Fleischlieferantin, zum Sehnsuchtstier der westlichen Wellnessgesellschaft avanciert. Warum?

Eine mögliche Antwort, auch sie geht auf Nietzsche zurück, lautet: Rinder sind Wiederkäuer. »Und wenn der Mensch auch die ganze Welt gewönne und lernte das Eine nicht, das Wiederkäuen«, lässt er in *Also sprach Zarathustra* einen Eremiten, der sich ins Gebirge zurückgezogen hat und unter dem Almvieh sein Glück sucht, ausrufen: »Er würde nicht seine Trübsal los.« Klingt gut, wirft aber direkt die nächste Frage auf: Wie können wir Menschen, die wir nur über einen einzigen, mickrigen Magen verfügen, diese Technik der Futterverwertung erlernen? Schließlich haben Kühe und andere Wiederkäuer eigens zu diesem Zweck einen Vormagen, den Pansen, in dem das Futter angedaut und aus dem es bei Bedarf wieder hochgewürgt wird.

Nun: Vermutlich meint der Eremit mit Wiederkäuen nicht bloß eine körperliche Tätigkeit, sondern auch einen geistigen Prozess. Es ist in diesem Zusammenhang bezeichnend, dass der lateinische Name für die Unterordnung der Wiederkäuer *Ruminantia* lautet. Das Verb *ruminare* bedeutet nämlich nicht nur »wiederkäuen«, sondern auch »intensiv über eine Sache nachdenken«: Es meint also einen Vorgang, bei dem ein Gedächtnisinhalt aus dem Magen der Erinnerung ins Bewusstsein befördert und dort neuerlich und nachhaltig durchgearbeitet wird. Bis zu neun Stunden am Tag verbringen Rinder mit der Rumination, sie machen bis zu dreißigtausend Kaubewegungen täglich. Nicht von ungefähr spricht man davon, dass man sich an einem Problem die Zähne ausbeißt – oder, wenn man es unzerkleinert heruntergeschluckt hat, dass es einem hinterher auf den Magen schlägt.

Wenn wir so lässig werden wollen wie ein Rind, sollten wir mit gärenden Erinnerungen, offenen Fragen und anderen geistigen Problemen also so umgehen, wie es die Kühe mit ihrem Futter tun. Wenn uns etwas im Magen liegt, sollten wir es zunächst einmal ruhen lassen und erst zu gegebener Zeit, aus der »sanftern und fernenden Erinnerung« (Friedrich Schiller) wieder hervorholen. Wir sollten es in Ruhe durchkauen. Wir sollten uns dazu vorzugsweise auf eine sommerliche Almwiese legen und uns nicht mehr bewegen, als Durst oder umherschwirrende Fliegen es erfordern. Und: Wir sollten uns keine neuen Erfahrungen einverleiben, solange die alten noch nicht verdaut sind. Schluss mit dem ständigen Hunger nach Abwechslung! Das Glücksgeheimnis der Kühe liegt darin, dass sie die Wiederkehr des Immergleichen als Grundbedingung des Daseins akzeptiert haben. Das Glücksgeheimnis der Kühe liegt darin, dass sie die Wiederkehr des Immergleichen als Grundbedingung des Daseins akzeptiert haben. Das Glücksgeheimnis der Kühe liegt darin, dass sie die ... Guten Appetit.

Die Schlange

Jagt meine Zeichnung euch Angst ein?, fragt das Kind. Nein, antworten die Erwachsenen: Was sollte an einem Hut denn auch Furcht einflößend ein? Aber das ist doch kein Hut!, sagt das Kind und fügt eine zweite, erläuternde Zeichnung hinzu: Das ist eine Riesenschlange, die einen Elefanten gefressen hat.

Auch wer noch nie einer verdauenden Boa constrictor begegnet ist, dürfte mit dieser berühmten Szene aus dem Buch *Der kleine Prinz* vertraut sein – und dadurch eine der faszinierendsten Fähigkeiten der Schuppenkriechtiere kennengelernt haben. Schlangen können Tiere verschlingen, deren Größe ihren eigenen Körperumfang um ein Vielfaches übersteigt. Da sie über keine Reißzähne oder Kauwerkzeuge verfügen, müssen sie ihr Opfer unzerkleinert in den Magen befördern (die Verdauung kann dann, trotz besonders ätzender Magensäfte, bis zu einer Woche dauern). Anakondas verleiben sich bisweilen eine komplette Antilope ein, Pythonschlangen ein ausgewachsenes Stachelschwein. Und die Eierschlangen verspeisen Vogelkalkschalen, deren Durchmesser fünfmal so groß ist wie ihr eigener Kopf.

Um solche gastrologischen Höchstleistungen unbeschadet vollbringen zu können, verfügen Schlangen über eine ausgefeilte All-You-Can-Eat-Anatomie: Ihre Kiefer- und Gaumenknochen sind nicht miteinander verwachsen, sondern nur durch dehnbare Bänder verbunden und können daher extrem weit auseinandergedrückt werden. Und die Rippen sind mit flexiblen Gelenken an die Wirbelsäule montiert, was den Tieren erlaubt, ihren Körper ohne Knochenbruchgefahr zu stretchen. Was aber können wir Menschen, die schon beim Verzehr eines doppelstöckigen Cheeseburgers Gefahr laufen, eine Kiefersperre oder einen Cholesterinschock zu erleiden, von diesen Kriechkreaturen lernen?

Diesssssssssss: Die Schlangen lehren uns durch ihr Fressverhalten einen beherzten Umgang mit dem Erhabenen. Das Erhabene, so Immanuel Kant, zeichnet sich dadurch aus, dass es »nicht allein groß, sondern schlechthin-, absolut-, in aller Absicht- (über alle Vergleichung) groß« ist: Es übersteigt unsere Fassungskraft, überwältigt durch seine Unermesslichkeit unseren Sinnesapparat und führt so zu einem Gefühl der Ohnmacht im Angesicht einer unergründlichen Weite. Berühmte Beispiele sind der Anblick des Meeres, einer Gebirgslandschaft oder des Sternenhimmels. Dennoch wenden wir uns vom Erhabenen nicht schaudernd ab, sondern fühlen uns in paradoxer Angst-Lust zu ihm hingezogen. Warum?

Friedrich Schiller meinte, im Anschluss an Kant: Weil das Erhabene in uns zugleich ein Gefühl der Freiheit weckt. Im selben Atemzug, in dem es uns die Grenzen unserer Wahrnehmung vor Augen führt, macht das Erhabene uns zugleich bewusst, dass wir ebendiese Grenzen geistig überwinden können. »Wir erfahren also durch das Gefühl des Erhabenen, daß sich der Zustand unsers Geistes nicht nothwendig nach dem Zustand des Sinnes richtet«, so Schiller: »daß die Gesetze der Natur nicht nothwendig auch die unsrigen sind, und daß wir ein selbstständiges Prinzipium in uns haben, welches von allen sinnlichen Rührungen unabhängig ist.« Dieses Prinzip ist die Phantasie. Sie erlaubt uns, Größeres zu denken als wir sinnlich wahrnehmen können. Sie reicht weiter als das Auge sehen, das Ohr hören und die Nase riechen kann. Sie verleiht der hungrigen Felsenpython die Chuzpe, ihr zierliches Maul über ein Nilkrokodil zu stülpen.

Folgendes würden die Schlangen uns also sagen, wenn sie nicht gerade den Mund voll hätten und die nächsten sieben Tage mit Verdauungsschlaf beschäftigt wären: Nur weil etwas über alle Maßen groß erscheint, ist es noch lange nicht unbegreiflich. Wenn du es auf den ersten Blick oder Biss nicht erfassen kannst, renk den Kiefer deiner Einbildungskraft aus und versuch es noch einmal. Der menschliche Geist ist wie ein Anakonda-Schlund – er funktioniert nur, wenn er offen ist.

Think big. Dream bigger. Im Reich der Phantasie ist alles möglich. Im Reich der Phantasie kann man über die Horizontlinie, bis zur Alpensüdseite und bis an alle Sterne sehen. Im Reich der Phantasie können Riesenschlangen sogar ausgewachsene Elefanten fressen.

Die Qualle

Ein Sommertag an der Nordsee. Die ganze Nacht über hat ein auflandiger Wind geweht und unzählige Ohrenquallen an Land gespült, wie überdimensionierte Wackelpuddingportionen liegen sie alle paar Meter am Strand. Die größeren haben fast den Durchmesser einer Schallplatte – aber als ich wenige Sonnenstunden später zurückkomme, sind sie verschwunden. Mit etwas gutem Willen sind allenfalls die Überreste ihrer Geschlechtsorgane als kleine dunkle Ringe im Sand zu erkennen.

Kein Wunder: Schließlich bestehen Ohrenquallen zu mehr als achtundneunzig Prozent aus Wasser. Es gibt wohl kein Lebewesen, das von seiner Substanz her näher an seiner Umwelt ist als die Qualle. Wären da nicht ein paar Gramm gallertartiger Masse sowie die erwähnten Gonaden, mit denen sie sich fortpflanzen, könnte man meinen, dass Quallen ein Teil des sie umgebenden Wassers, ja mit ihm identisch sind. Solange sie im Meer schwimmen, sind sie im wahrsten Sinne des Wortes in ihrem Element. An Luft und Sonne lösen sie sich binnen Kurzem in nichts auf.

Dass Quallen angesichts eines derartig hohen Wasseranteils im Körper überhaupt als abgegrenzte Systeme, als in sich geschlossene Wesen existieren können, grenzt an ein Wunder. In gewisser Weise ähneln sie darin dem Universum: Schließlich besteht dieses ebenfalls zu großen Teilen aus Nichts – oder zumindest aus einer für menschliche Augen und Messgeräte nicht erkennbaren Substanz, die dafür sorgt, dass der Kosmos trotz seiner relativ bescheidenen Menge an sichtbarer Masse nicht auseinanderfällt; Physiker sprechen von Dunkler Materie. Damit stellt die Qualle eines der wichtigsten kosmologischen Konzepte der abendländischen Philosophie infrage.

Seit der Antike wurde der Kosmos nämlich immer wieder mit dem Menschen verglichen: Jener galt als Makrokosmos, als vergrößerte Version des Menschen – und dieser umgekehrt als Mikrokosmos, in dem die wesentlichen Eigenschaften des Alls kondensiert sind. Platon ließ seinen Lehrer Sokrates vom »Körper des Weltalls« schwärmen; der spätmittelalterliche Gelehrte Agrippa von Nettesheim bezeichnete den Menschen als »zweite Welt«; und Arthur Schopenhauer meinte: »Jeder ist also in diesem doppelten Betracht die ganze Welt selbst (...). Und was er so als sein eigenes Wesen erkennt, dasselbe erschöpft auch das Wesen der ganzen Welt, des Makrokosmos.« Ja, in gewisser Weise sind wir noch immer in dieser mythischen Idee gefangen: Jedes Mal, wenn wir die Stirn zu den Gestirnen erheben und meinen, dort oben das Sternbild des Schützen, ein Mondgesicht oder einen anderen Himmels-Körper zu erblicken, sonnen wir uns in dem narzisstischen Glauben, dass die größere Welt uns gleiche.

Der Blick in ein astrophysikalisches Lehrbuch sowie auf den sandigen Boden des Nordseestrands könnte uns eines Besseren belehren. Wenn es ein Lebewesen gibt, das als mikrokosmisches Modell des Universums dienen kann, dann ist es die Qualle. Und wenn unser Universum eines hoffentlich fernen Tages einmal untergehen, sich wieder zusammenziehen, zurück ins Nichts kehren sollte – dann vielleicht deshalb, weil diese Makroqualle an ein kosmisches Gestade gespült wurde und dort einfach vertrocknet.

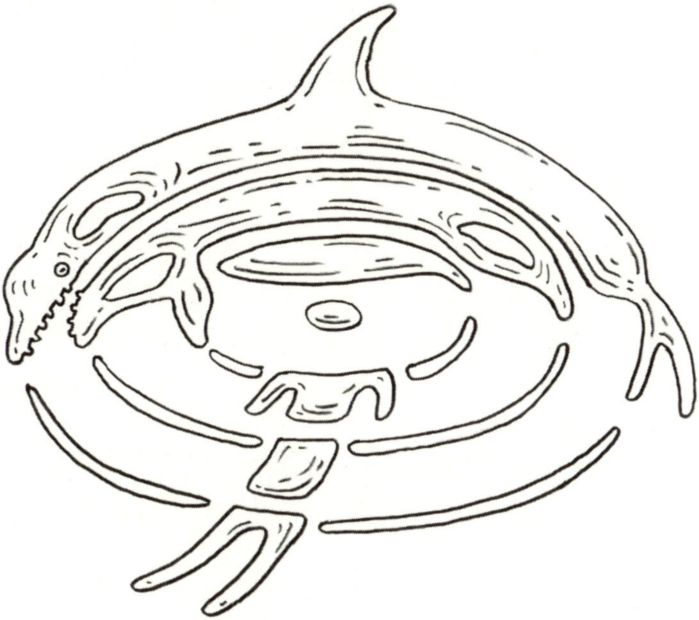

Der Orca

Manche nennen ihn abschätzig Killerwal, andere Mörderwal, ja sogar die sonst um wissenschaftliche Neutralität bemühten Zoologen bezeichnen ihn voller Schauder als *Orcinus orca*, »der Wal aus dem Reich der Toten«. Der zweifelhafte Leumund des Großen Schwertwals oder Orcas verdankt sich seiner ausgefeilten und offenbar selbst für hartgesottene Seemänner brutal anmutenden Jagdtechnik. So weiß etwa der *Brehm* zu berichten, dass Schwertwale größere Walarten attackieren, indem sie ihnen die wärmende Speckschicht vom Leib beißen – und zwar zu dem einzigen Zweck, damit der Angegriffene irgendwann erschöpft die Zunge aus dem Maul hängen lässt: »Um diese ist es den Mordfischen am meisten zu tun; denn sowie er den Rachen aufsperrt, reißen sie ihm die Zunge heraus.«

Kaum nötig zu erwähnen, dass es kleineren Meeresbewohnern nicht besser ergeht: Flüchtende Robben verfolgen Orcas bis auf den Strand; flieht das Opfer aber statt aufs Festland auf ein Stück Packeis, kommt eine besonders perfide Technik zum Tragen: Die Schwertwale schwimmen in hohem Tempo auf die Eisscholle zu – doch bevor sie diese erreicht haben, bremsen die tonnenschweren Tiere ruckartig ab: Eine Bugwelle entsteht, welche die Scholle zum Schwanken bringt, und die Robbe schlittert ins Meer, wo sie dann bequem zerfleischt werden kann.

Stellt man sich die Auseinandersetzung zwischen Orca und Robbe nicht als Kampf auf Leben und Tod, sondern als philosophischen Disput vor, so ist eiswasserklar, dass der Schwertwal dem – ebenfalls recht schwergewichtigen – Philosophen Sokrates gleicht und die Robbe dessen bemitleidenswerten, da stets unterlegenen Gegnern. Ein wiederkehrendes Merkmal vor allem der frühen Sokratischen Dialoge, wie sie durch Platon überliefert sind, besteht schließlich darin, dass sich Sokrates' Kontrahenten argumentativ auf sicherem Terrain wähnen – dass sich dieses aber, kaum dass der beleibte Killerphilosoph auf sie zugeschwommen kommt, als extrem schlüpfrig und instabil erweist. Ihre Überzeugungen geraten dabei nicht durch einen rhetorischen Frontalangriff ins Wanken, sondern durch subtile Erschütterungen des gesamten Epistems. Was ist Tapferkeit, Freundschaft, Liebe? Worin besteht das gute Leben? Soll man den Tod herbeisehnen oder eher scheuen? Sokrates' Dialogpartner sind überzeugt, Antworten auf diese Fragen zu haben – doch bald müssen sie eingestehen: Ihr vermeintliches Wissen war Unwissen. Was sie für festen Boden hielten, war nur eine brüchige Eisscholle.

Wollen wir uns bei Streitgesprächen ein ähnliches Schicksal wie das der Robben ersparen, müssen wir uns also rechtzeitig klarmachen, wie umfangreich und solide die Erkenntnisse sind, auf deren Basis wir argumentieren: Befinden wir uns tatsächlich auf sicherem Grund – oder doch nur auf gefrorenem Wasser? Wie tief reicht unser epistemologischer Eisberg? Und was könnte uns widerfahren, wenn wir rhetorisch ins Schlittern oder, schlimmer, ins Schwimmen geraten? Weitaus Erfolg versprechender dürfte es freilich sein, sich bei Disputen gar nicht erst in die Robbenrolle zu begeben, sondern gleich die Position des Schwertwals zu besetzen: das heißt, den Gegner aus seiner intellektuellen Komfortzone zu schwemmen und ihn in jenem Element zu stellen, in dem man sich selbst am wohlsten fühlt. Sie wollen ein Orca ein? Dann stürzen Sie sich bei Diskussionen nicht blindlings aufs Packeis, wo Sie womöglich hilflos liegen bleiben. Zwingen Sie lieber den anderen dazu, ins Wasser zu kommen.

Und was, wenn Ihr Opponent ein noch gewaltigerer Meeressäuger ist als Sie? Ein rhetorischer Blauwal, der mit seiner dicken Blubberschicht all Ihre Argumente an sich abprallen lässt? Der mit seiner mächtigen Schwanzflosse Ihre Angriffe mühelos pariert und redet wie ein Wasserfall bei der Packeisschmelze? Dann greifen Sie zum letzten, verzweifelten Mittel: Machen Sie es wie der Schwertwal … und beißen Sie ihm die Zunge ab.

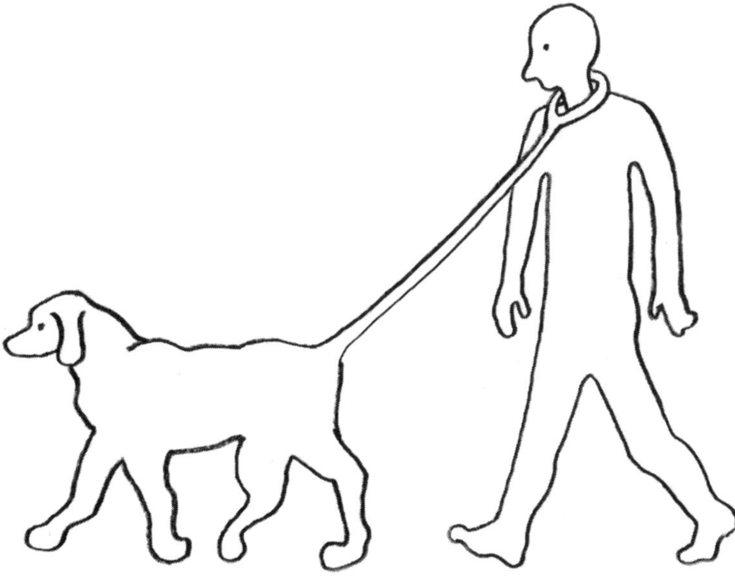

Der Hund

Als Heranwachsender hatte ich einen Hund. Einen schwarzen Cockerspaniel namens Robby, mit rotbrauner Zeichnung auf Schnauze, Augenbrauen und Pfoten sowie einem flammenden Fellfleck auf der Brust. Natürlich liebte ich Robby abgöttisch. Ich liebte es, wenn er mir das Gesicht abschleckte, ganz gleich, an welchem fremden Vierbeinergenital oder -anus er kurz zuvor noch geschnüffelt hatte. Und ich litt, wenn er mir aufgrund irgendeiner Verletzung seiner zarten Cockerspanielseele den haarigen Rücken zukehrte, wie ein Hund. Die philosophische Schule des Kynismus mag seit über zweitausend Jahren geschlossen sein, doch die vierbeinigen Nachfolger des Diogenes, der aufgrund seines schamlosen und asozialen Verhaltens als *kýon* (»Hund«) beschimpft wurde, laufen bis heute millionenfach auf der Erde herum. Die gesamte Grammatik der Gefühle – Liebe, Hass, Enttäuschung, Versöhnung – lernte ich von meinem Hund.

Vor allem aber lernte ich von ihm alles über das Wesen der Macht. Wie die meisten Cockerspaniels rannte Robby begeistert sämtlichen Stöcken, Bällen und Frisbeescheiben hinterher, die ich in die Gegend schleuderte, nur um sie mir wedelnden Schwanzes vor die Füße zu legen und so lange zu kläffen, bis ich sie wieder fortwarf. Ich glaube, er wäre selbst in die Hölle gerannt, wenn ich ihn mit einem beherzten »Hol das Stöckchen!« dorthin geschickt hätte. In der Terminologie Georg Wilhelm Friedrich Hegels könnte man sagen: Ich war der »Herr« – und er war der »Knecht«.

So dachte ich zumindest. Heute frage ich mich nämlich, ob unsere Beziehung nicht sehr viel dialektischer war, als meine jugendliche Eitelkeit mich träumen ließ. Rannte Robby tatsächlich dem Stöckchen hinterher, weil ich es fortwarf – oder warf ich es umgekehrt fort, weil er es apportierte? Reagierte ich nicht auf jeden Stock, Stein, Ball, den er mir mit zitternden Lefzen vor die Füße legte, so konditioniert wie ein Pawlow'scher Käfigköter, nämlich indem ich den Gegenstand sofort mit einem bedingten Reflex wieder von mir schleuderte? Musste mein Hund nicht glauben, dass er mich vorbildlich zum Stöckchenwerfen dressiert hatte?[4]

Ob Robby tatsächlich zu solch komplexen Denkleistungen in der Lage war, weiß ich nicht – fest steht

---

[4] In der »Apologie für Raymond Sebond« stellte Montaigne entsprechend die – besonders unter Katzenliebhabern beliebte – rhetorische Frage: »Wenn ich mit meiner Katze spiele – wer weiß, ob ich nicht mehr ihr zum Zeitvertreib diene als sie mir?«

aber, dass es von seinen Vorfahren ziemlich raffiniert war, sich domestizieren zu lassen und so zu tun, als dienten sie hündisch dem Menschen. Denn letzten Endes profitierten jene Wolfs- und Schakalartigen, die sich erstmals an einen Steinzeitmenschen kuschelten, seine Zelte bewachten und seine Jagdbeute apportierten, von dieser Symbiose gewaltig: Wolfsrudel gibt es in Deutschland gerade einmal knapp zwei Dutzend, und wenn im Bayrischen Wald mal ein Goldschakal gesichtet wird, ist das eine Sensation. Demgegenüber gibt es hierzulande über elf Millionen Hunde, die ein Dach über dem Kopf haben, gegen Krankheiten geimpft und mit Spezialfutter aus der Dose verwöhnt werden: Lebensbedingungen, von denen ihre unanpassungswilligen Gattungsgenossen nur träumen können.

Hinzu kommt: Die Domestizierung des Hundes beginnt menschheitsgeschichtlich schon lange bevor man von einem *domus* sprechen kann. Vor etwa fünfzehntausend Jahren kam das Haustier – dann, erst über fünftausend Jahre später, kam das Haus. Haben uns also womöglich erst die Hunde beigebracht, sesshaft zu werden? Haben sie uns darauf dressiert, das Fleisch für sie zu erjagen, sie vor Kälte und Fressfeinden zu schützen, Hütten für sie zu bauen, und uns netterweise erlaubt – weil wir ja manchmal so lieb gucken und auch nicht leben sollen wir ein Mensch –, daneben auch noch ein Häuschen für uns selbst zu errichten? Anders gesagt: Verbarg sich auch hinter der freundlich hechelnden Fassade von Robby letzten Endes nur eine berechnende, im wahrsten Wortsinn kynische Vernunft? Wie in der Hegel'schen Dialektik war unsere Machtverteilung alles andere als klar. Klar war nur: Robby war nicht mein Knecht und ich nicht sein Herr. Ich war allenfalls ein Herrchen.

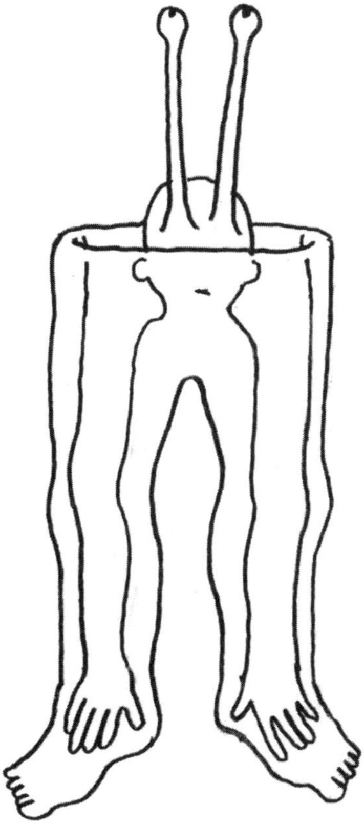

Die Schnecke

Eines Sommertags brachte meine Tochter aus dem Garten ihrer Kindertagesstätte fünf kleine Gehäuseschnecken mit nach Hause. Weißmündige Bänderschnecken: Piepsi, Annabel, Udo, Dodo und Hegel. Zu erklären, weshalb ein fünfjähriges Kind eine Schnecke nach einem idealistischen Philosophen benennt, würde den Rahmen dieser Betrachtung sprengen. Fest steht: Sobald Tiere einen Eigennamen haben, wird man sie nur schwer wieder los. Ich besorgte ein gebrauchtes Terrarium und richtete es mit Moos und Rindenstücken für die kleinen Schleimer ein.

Meine Frau ekelte sich, wie wohl die meisten erwachsenen Menschen, vor den Gastropoden – ich aber fand sie faszinierend. Ich war fasziniert, wie sie ihre vier stecknadelfeinen Fühler ausfuhren und bei der geringsten Gefahr wieder einrollten wie die Finger eines winzigen Handschuhs. Ich war fasziniert, wie sie den Boden unter ihrem Bauchfuß einschleimten, um dann erhaben wie ein Ozeandampfer über diesen Teppich dahinzugleiten. Vor allem war ich fasziniert, wie sie, wenn sie das vermeintliche Ende eines Weges erreichten, etwa die Spitze eines Zweigs oder Rindenstücks, sich aufbäumten und streckten, bis sie an einem anderen Ast neuen Halt fanden, um dann ihr Gehäuse und den Rest ihres Körpers mit einer fließend-muskulösen Bewegung hinterherzuziehen.

Schnecken haben keine Knochen, der ihrem Leib Stütze und Haltung geben könnten, sie benutzen dafür ein sogenanntes Hydroskelett: Sie kontrahieren also ihre Muskeln, um den Druck in bestimmten Körperregionen ansteigen oder abschwellen zu lassen und so deren Form und Größe zu ändern. Mir ist nur ein Körperteil bekannt, mit dem wir Menschen Ähnliches zu tun vermögen – und das auch nur die männliche Hälfte der Menschheit.

Allerdings haben die Schnecken uns Männern eines voraus: Sie können die Erektionen ihres Körpers nach Belieben und, trotz ihrer sprichwörtlichen Langsamkeit, in Sekundenschnelle steuern. Während der Mann dem Wankelmut seiner Libido und dem Wohlwollen seines Schwellkörpers auf Gedeih und Verderb ausgeliefert ist, haben die Schnecken, als kriechende Ganzkörperpenisse, alles unter Kontrolle. Damit gleichen sie dem prälapsarischen Menschen, wie ihn sich der spätantike Theologe und Philosoph Augustinus von Hippo vorstellte.

Erst mit dem Sündenfall, so Augustinus, hätten die Menschen, von seltenen Ausnahmen abgesehen, die

Willensherrschaft über den eigenen Körper verloren und überließen ihn fortan der Lust, den Trieben, heute würde man vermutlich sagen: dem vegetativen Nervensystem. »Denn für Gott war es nicht schwer, (den Menschen) so zu schaffen, daß auch jener Körperteil, der jetzt nur noch durch Begierde erregt wird, bloß durch den Willen bewegt wurde«, schreibt der Kirchenvater in seinem welt- und heilsgeschichtlichen Hauptwerk *Über den Gottesstaat*. »Besitzt doch auch, wie wir wissen, die Natur mancher Menschen von der Regel weit abweichende Eigenschaften, die wir wegen ihrer Seltsamkeit anstaunen. (...) So können einige ihre Ohren bewegen, entweder nur eins oder beide zugleich. (...) Auch solche gibt es, die nach unten hin ohne üblen Geruch, wie es ihnen beliebt, so zahlreiche Töne hervorbringen, daß man meint, sie könnten auch mit diesem Körperteile singen.«

Anders gesagt: Die gelegentlich noch anzutreffende Fähigkeit, mit den Ohren zu wackeln oder nach Belieben zu furzen, ist ein Rudiment aus jenen paradiesischen Zeiten, als der Mensch noch seinen gesamten Körper – und das heißt für Augustinus vor allem: seine Sexualität – so souverän und willentlich steuern konnte wie Schnecken, bis heute, ihren länglichen, schleimigen Leib. Vielleicht ist es also gar nicht Ekel, der so viele Menschen beim Anblick der kleinen Kriechtiere erfasst. Vielleicht ist es ganz einfach Neid.

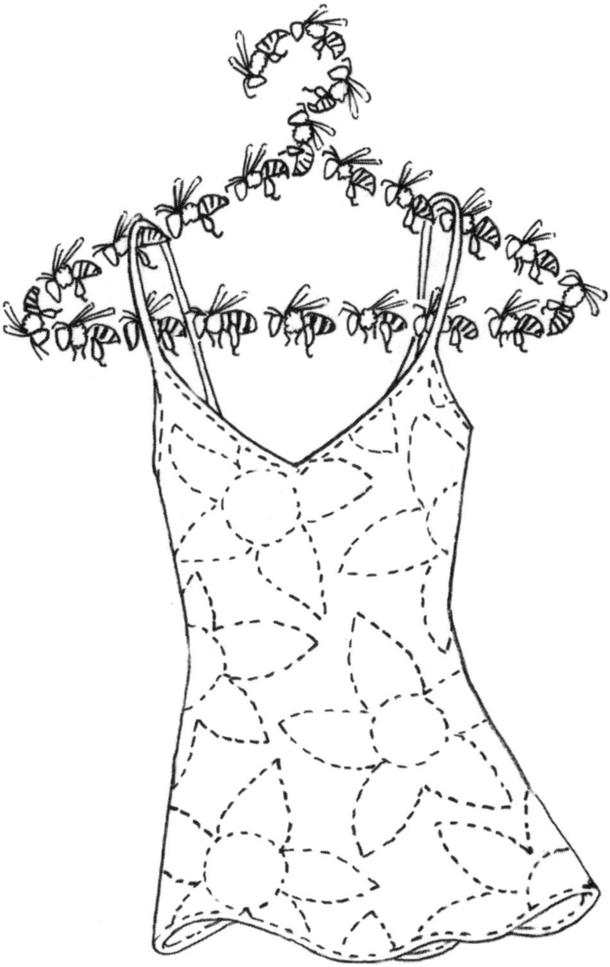

Die Biene

Für Insekten, die sich schon mal in eine Sandale oder unter ein Sommerkleid verirren und dort schmerzhafte Stiche auszuteilen vermögen, sind Bienen erstaunlich beliebt. Das liegt natürlich einerseits an ihrer Fähigkeit, aus Blütennektar durch wiederholtes Trinken, Verdauen und Ausscheiden einen süßen, nahrhaften und nahezu unbegrenzt haltbaren Brotaufstrich zu produzieren. Und andererseits an der Tatsache, dass sie außerordentlich soziale Tiere sind, die, wie wir Menschen, komplexe und funktional ausdifferenzierte Gesellschaftssysteme bilden.

Nur: Welche politische Ordnung im Bienenstaat herrscht, darüber bestand lange Zeit Uneinigkeit. Aristoteles vertrat die (bis heute weit verbreitete) Ansicht, es handele sich um eine matrilineare Monarchie: Das »Volk« schart sich demnach um eine allmächtige »Königin«, die sich von einem Harem willfähriger Drohnen begatten lässt und den einfachen Arbeiterinnen sagt, was zu tun ist. Der niederländische Philosoph Bernard de Mandeville hingegen beschrieb die Bienen Anfang des achtzehnten Jahrhunderts als prototypische frühkapitalistische Subjekte. Nur persönliche Laster und Selbstliebe, so seine provokative, in der sogenannten *Fable of The Bees* formulierte These, trügen zum Gemeinwohl bei. Indem die Bienen egoistisch Blütennektar sammeln, bestäuben sie unfreiwillig die Blüten.

Alles falsch, meint der renommierte amerikanische Bienenforscher Thomas D. Seeley: Die Königin entscheide im Bienenstock gar nichts; sie sei nur die »oberste Eierproduzentin«. Die Honigbienen handelten auch nicht aus Mandeville'scher »Selbstliebe«, sondern träfen kollektiv und gleichberechtigt ihre Entscheidungen. Anders gesagt: Im Bienenstaat herrscht wabenechte Demokratie.

Dies zeigt sich besonders an der graswurzeldemokratischen Art und Weise, wie jener Teil des Bienenvolks, der alljährlich im Frühjahr mit der alten Königin den Stock verlassen muss, um der nächsten Herrschergeneration Platz zu machen, ein neues Zuhause findet. Spezielle Kundschafterbienen schwärmen aus und begutachten in allen Himmelsrichtungen potenziellen Wohnraum. Mithilfe von komplizierten Schwänzeltänzen, gegen die sich jeder höfische Gesellschaftstanz ausnimmt wie grobmotorisches Trampeln, teilen sie den anderen Bienen ihre Ergebnisse mit. Diese überprüfen die Vorschläge und bringen gegebenenfalls Gegenmeinungen ein. Erst wenn, nach manchmal mehrtägigem Geschwänzel und Gesumms, eine einstimmige Entscheidung getroffen wurde, zieht der Schwarm um; zehntausend Individuen machen sich gemeinsam auf den Weg.

Jürgen Habermas dürfte begeistert sein: Wohl keine andere Tierart verkörpert das von dem Sozialphilosophen entworfene Konzept der »Diskursethik« so überzeugend wie die Honigbiene. Die Insekten treten in einen offenen, fairen und vernünftigen Austausch. Ihr Diskurs ist herrschaftsfrei, jedes ihrer Argumente begründ- und kritisierbar. Und zu guter Letzt gelangen die Diskutanten zu einem friedlichen, von allen Teilnehmern getragenen Konsens – welcher Bienenversteher Seeley zufolge meist sogar die objektiv bestmögliche Lösung darstellt: Es herrscht, wie in der von Habermas entworfenen »idealen Sprechsituation«, der »eigentümlich zwanglose Zwang des besseren Argumentes«.

Wenn Sie also das nächste Mal eine schwierige kollektive Entscheidung zu treffen haben – fragen Sie sich: Wie würde ich handeln, wenn ich eine Kundschafterbiene auf Bauplatzsuche wäre? Was würde eine *Apis mellifera* tun? Und wenn sich wieder einmal eine Biene in Ihre Birkenstocksandale oder Bluse verirrt – schlagen Sie sie nicht tot, versuchen Sie nicht, sie zu verjagen. Weisen Sie ihr lieber mit einem freundlichen Schwänzeltanz den Weg zur nächsten Blüte.

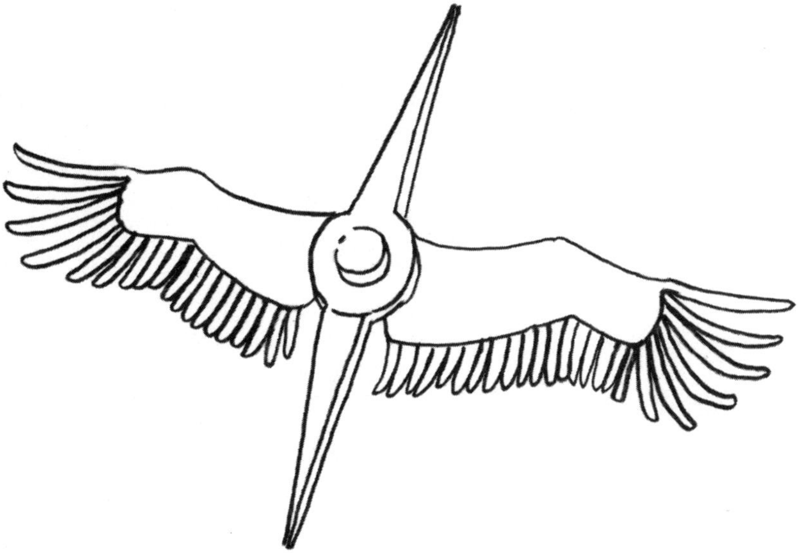

Der Storch

An Schlaf war nicht zu denken. Zum einen wegen der Hitze, die über dem Oderbruch lag. Zum Zweiten wegen der Stechmücken, die sich zum nächtlichen Umtrunk in unserem Zelt eingefunden hatten. Nicht zuletzt wegen der beiden Störche, die sich durch unsere Anwesenheit in der Nähe ihres Horstes offenbar empfindlich gestört fühlten und ihrem Unmut durch lautes Schnabelgeklapper Ausdruck verliehen.

Aber wenn an Schlaf nicht zu denken ist, kann man ja über andere Dinge nachbrüten. Zum Beispiel die Frage, wie die Störche das eigentlich machen: Jedes Frühjahr kommen sie aus ihrem Winterquartier in Afrika, steuern erst Europa, dann Deutschland, dann Brandenburg, schließlich das kleine Gehöft nahe der polnischen Grenze an, auf dem wir kampierten, und landen letztendlich punktgenau auf derselben, kaum quadratmetergroßen Nistplattform wie im Vorjahr. Und jeden Herbst machen sie sich, nachdem sie ihre Jungen aufgezogen und in die Selbstständigkeit entlassen haben, auf die Rückreise. Wie bei den meisten Störchen, die in Brandenburg nisten, handelt es sich bei dem Pärchen mutmaßlich um Ostzieher, das heißt, sie fliegen über den Bosporus und die Sinaihalbinsel nach Ägypten, das Niltal hinauf und bis ins subsaharische Afrika. Insgesamt rund zehntausend Kilometer.

Das ist nicht nur eine beachtliche Kraftanstrengung, sondern vor allem eine schier unerklärliche Orientierungsleistung. Die Störche richten sich dabei nicht nur nach dem Sonnenstand, nach den Sternen sowie auffälligen Landmarken wie Gebirgen, Gewässern und Tälern. Sie haben darüber hinaus noch einen sprichwörtlichen sechsten Sinn, der es ihnen ermöglicht, die Magnetfelder der Erde zu erspüren. Sie verfügen also über eine Art inneren Kompass, mit dessen Hilfe sie sich im Raum orientieren.

Eine Fähigkeit, von der wir mit kläglichen fünf Sinnen ausgestatteten Menschen nur träumen können – und zwar sowohl im geografischen als auch im übertragenen, das heißt moralischen Sinn. Zur räumlichen Orientierung benötigen wir Sterne, Karte, Kompass, satellitengestützte Navigationssysteme. Und in Fragen der Moral stehen wir, seitdem die »großen Erzählungen« (Jean-François Lyotard) der Moderne als weltanschauliche Orientierungsmodelle ausgedient haben, sogar noch verlorener da. Nach welchen ethischen Feldlinien sollen wir uns richten?

In seinem Buch *Gerechte Freiheit: Ein moralischer Kompass für eine komplexe Welt* empfiehlt der irische

Philosoph und Politikwissenschaftler Philip Pettit »Freiheit als Nichtbeherrschung« als ein solches moralisches Navigationssystem. Pettit meint damit eine Unabhängigkeit von äußeren und inneren Zwängen – eine Freiheit, die »nicht nur das Fehlen von Einmischung« bedeutet, sondern auch »von Unterordnung unter einen anderen«. Sie stellt für ihn jenes Ideal dar, das uns »wie eine globale Lokalisierungshilfe, ein GPS, in die Lage versetzen (kann), inmitten der komplexen politischen Fragen, mit denen wir uns in der Welt des 21. Jahrhunderts auseinandersetzen müssen, unseren Weg zu finden«.

Wie weit sind wir auf diesem Weg gekommen? Wenn man Europa derzeit aus der Vogelperspektive betrachtet, muss man sagen: nicht weit. Während die Störche und andere Langstreckenzieher im Herbst aufbrechen, um vor der drohenden Kälte und Nahrungsmittelknappheit aus Mitteleuropa zu fliehen und in Afrika Asyl zu suchen, kommen ihnen unten, auf dem Land- und Seeweg, Abertausende von Menschen entgegen. Anders als die Störche haben sie keine Flügel, um Mittelmeer, Grenzbarrikaden und Stacheldraht zu überwinden. Anders als die Störche genießen sie keinen besonderen Schutz. Und von »Freiheit als Nichtbeherrschung« können die meisten von ihnen vermutlich nur träumen. Das Adebarpaar an der polnischen Grenze ist verstummt, das Zelt längst abgebaut, der Sommer zur Neige gegangen. An Schlaf ist immer noch nicht zu denken.

Der Igel

Ein Fragment des antiken griechischen Lyrikers Archilochos besagt: »Der Fuchs weiß viele Dinge, aber der Igel weiß eine große Sache.« Um was für eine Sache es sich dabei genau handelt, ist nicht überliefert – bedauerlicherweise: Schließlich strahlen die Insektenfresser mit ihrem schweigsamen Wesen und den schwarzen Knopfaugen eine stille Souveränität und Weisheit aus, an der man als Mensch gerne teilhätte.

Für den Philosophen Isaiah Berlin, der dem Fragment einen ganzen Essay gewidmet hat, verkörpert der Igel eine monistische Welthaltung, die alle Phänomene einem Grundprinzip, einem universalen System unterordnet. Einer anderen Interpretation zufolge lässt er sich als von einer fixen Idee besessener politischer Fanatiker verstehen. Eine dritte besagt, dass es sich beim Igel um eine Frau handeln könnte, die durch ihr stachelig-passives Verhalten die Avancen eines herumstreunenden Mannes pariert. Und einer vierten Theorie zufolge ähnelt der Igel einem Text, der sich der Vereinnahmung durch Interpreten entzieht, die sich für besonders schlaue Füchse halten. Vermutlich gibt es so viele Möglichkeiten, das Archilochos-Fragment zu verstehen, wie ein Igel Stacheln hat: zwischen sechs- und achttausend.

Unser Vorschlag: Die große Sache, von der die Igel wissen, ist das Geheimnis des Winterschlafs. Fünf bis sechs Monate im Jahr, etwa von November bis April, verbringen sie zusammengekugelt in Morpheus' Armen. Sie reduzieren dabei ihre Körpertemperatur auf ein bis acht Grad, atmen nur ein oder zwei Mal pro Minute, ihr Ruhepuls liegt bei schlappen fünf Schlägen. Damit sind sie ein starkes Vorbild für unsere spätkapitalistische 24/7-Gesellschaft, in der man tagsaus, nachtein, sieben Tage pro Woche knallwach sein sollte, um sich in den Nonstop-Betrieb der Austausch- und Zirkulationsprozesse einzugliedern. »Seit Jahrzehnten (arbeiten) viele Institutionen in der entwickelten Welt rund um die Uhr«, schreibt der amerikanische Kunsttheoretiker Jonathan Crary. »Erst jetzt aber wird die persönliche und soziale Identität so umgeformt, dass sie mit der ununterbrochenen Tätigkeit der Märkte, Informationsnetze und anderer Systeme in Einklang gebracht wird.«

Fabriken, Werkstätten, Büros, Lagerhallen sind durch elektrisches Licht zu jeder Jahres- und Nachtzeit erleuchtet. Neuro-Enhancer wie Modafinil, Koffeintabletten und Amphetamine takten die Schichtarbeiter biochemisch auf die künstlichen Schlaf-wach-Rhythmen ein. Und US-amerikanische Wissenschaftler arbeiten im Auftrag des Verteidigungsministeriums an Techniken der Schlafüberwindung: Ziel ist der Soldat, der eine Woche lang ununterbrochen im Kampfeinsatz sein kann; erwünschter Nebeneffekt der Arbeitnehmer, der immer fit und verfügbar ist, sowie der Konsument, der pausenlos shoppen kann.

Der Schlaf wird damit zu einem stillen Akt der Nonkonformität. Er ist, mit Karl Marx gesprochen, ein »Naturhindernis« – ein zutiefst menschliches Bedürfnis, das sich nie ganz an die Anforderungen der hyperflexibilisierten Marktwirtschaft anpassen lässt (oder sollte). »Der Schlaf in seiner tiefen Nutzlosigkeit und Passivität, mit den von ihm verursachten, unkalkulierbaren Verlusten in der Zeit der Produktion, Zirkulation und Konsumtion, wird mit den Ansprüchen einer 24/7-Welt stets kollidieren«, schreibt Jonathan Crary. »Schlaf ist die kompromisslose Unterbrechung der uns vom Kapitalismus geraubten Zeit.«

Der Igel erinnert uns daran, dass eine solche Form des gewaltlosen Widerstands auch für uns Menschen möglich und nötiger ist denn je. Er buddelt einen Tunnel in unsere eigene soziogenetische Vergangenheit, als wir noch nicht über Kunstlicht verfügten und das Winterhalbjahr daher ebenfalls vorzugsweise mit Schlafen zubrachten. Krabbeln wir ihm nach: Igeln wir uns zu Hause ein, löschen das Licht, schalten alle elektronischen Geräte aus und knabbern allenfalls ein paar proteinreiche Insektensnacks. Wie? Sie haben kein Stachelkleid, um sich darunter zusammenzurollen und sich die Außenwelt vom Leibe zu halten? Keine große Sache: Manchmal tut's auch eine einfache Federdecke.

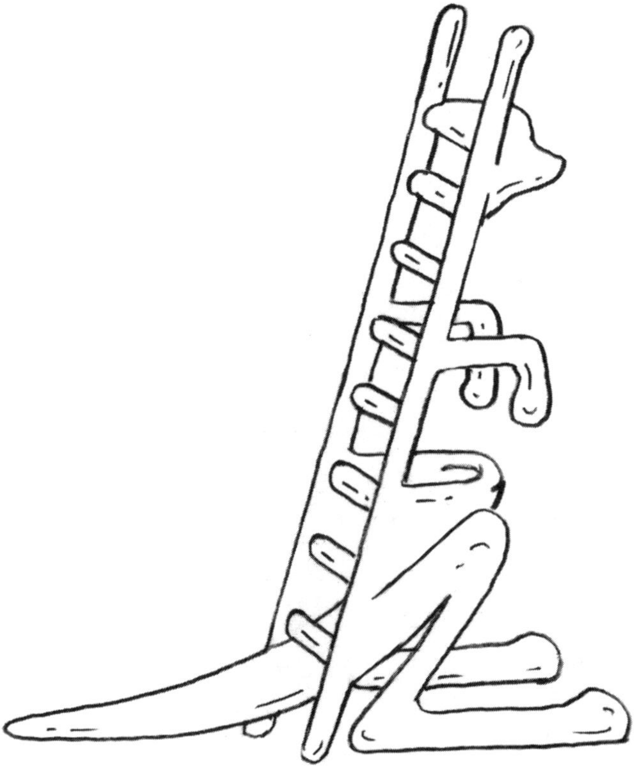

Das Känguru

Während seiner ersten Südseereise im Jahr 1770 beobachtete der englische Seefahrer James Cook an der Ostküste Australiens merkwürdige, an riesige Hasen gemahnende Wesen. Sie konnten mit ihren gewaltigen Hinterläufen bis zu drei Meter hohe Sprünge machen, schleppten ihren Nachwuchs in einem Bauchbeutel mit sich herum und fochten Revierstreitigkeiten mithilfe von Boxkämpfen aus. Als Cook einen Einheimischen fragte, um was für ein seltsames Tier es sich da handele, soll dieser geantwortet haben: *gangurru* – zu Deutsch: »Ich weiß es nicht.« Die Sokratische Einsicht, welche am Anfang allen westlichen Philosophierens steht, nämlich dass wir nichts wissen und deshalb immer weiterfragen müssen, trägt das Känguru bereits in seinem Namen.

Als wüsste das Tier um diesen geistesgeschichtlichen Anspruch, ist es um stetige Weiterentwicklung bemüht. Die Männchen der meisten Känguru-Arten weisen eine ontogenetische Besonderheit auf: Sie werden ihr Leben lang immer größer; sie sind nie vollständig ausgewachsen, sondern stets im Werden begriffen. Damit verkörpern sie auf idealtypische Weise die Eigenschaft der *perfectibilité*, wie sie der Aufklärer Jean-Jacques Rousseau definierte.

Der Mensch, so Rousseau, habe nämlich – als Individuum wie auch als Spezies – »die Fähigkeit, sich zu vervollkommnen, eine Fähigkeit, die mit Hilfe der Umstände nacheinander alle Fähigkeiten entwickelt«. Die Vervollkommnungsgabe ist mithin die Voraussetzung für alle weiteren charakterlichen, intellektuellen, kognitiven Prozesse. Nur aufgrund seiner *perfectibilité* ist der Mensch in der Lage, Moralvorstellungen herauszubilden, nach neuen Erkenntnissen zu streben, wissenschaftliche Entdeckungen zu machen, über sich hinauszuwachsen – anders gesagt: ein wahrhaft moderner Mensch zu sein.

Rousseaus zweiter *Discours*, dem diese Denkfigur entstammt, erschien 1755 – also am Beginn jener »Achsenzeit«, in der das fortschrittsorientierte Subjekt aus dem Brutbeutel der Geschichte schlüpfte. Wie der Geschichtsphilosoph Reinhart Koselleck gezeigt hat, fand in dieser Übergangsepoche eine »langsam bewußt werdende Öffnung der Zukunft« statt: Während in vormodernen Zeiten noch der Rückbezug auf die Vergangenheit dominiert hatte, verschob sich nun die Aufmerksamkeit aufs Futur. Geschichte wurde als unendlicher und fortschreitender Prozess gedacht; der Erfahrungsraum wurde fortan nicht mehr durch das Gewesene, sondern durch das zu Erwartende bestimmt.

Nun: Was dem Menschen erst vor einigen Generationen gelang, hatte das Känguru zur Zeit seiner Entdeckung auf organischer Ebene längst vollzogen. Es ist das moderne Wesen schlechthin. Es gibt sich nie mit dem Erreichten zufrieden, sondern entwickelt sich im Sinne des *life-long learning* immer weiter. »Die menschliche Natur schreitet nicht zurück«, schreibt Rousseau. Dasselbe könnte man mit weitaus größerem Recht von den australischen Beuteltieren behaupten, da sie aufgrund der Länge ihrer Hinterläufe ausschließlich nach vorne, in Richtung Zukunft hüpfen: Vorwärts immer, rückwärts nimmer. Und das mit bis zu neun Meter weiten Sätzen.

Von vergleichbaren körperlichen oder gedanklichen Sprüngen können wir Menschen nur träumen. So dauerte es zum Beispiel über zweihundert Jahre, bis ein Sprachwissenschaftler zu folgendem ernüchternden Ergebnis kam: *gangurru* bedeutet in der Sprache der Aborigines gar nicht »Ich weiß es nicht«. Es heißt schlicht und einfach »Känguru«.

Die Fledermaus

Wie ist es, eine Fledermaus zu sein? Die Frage stammt von dem amerikanischen Philosophen Thomas Nagel, und die Antwort, die er darauf gibt, lautet so kurz wie enttäuschend: Wir wissen es nicht. Können es nicht wissen, niemals. Wir können uns zum Schlafen kopfüber ins Dachgebälk hängen, wir können versuchen, mit dem Mund Fliegen zu fangen, und uns vorstellen, dass wir Flughäute unter den Achseln haben – aber wir werden immer nur wissen, wie es sich als *Mensch* anfühlt, sich wie eine Fledermaus zu verhalten. Wie es für eine Fledermaus ist, eine Fledermaus zu sein, können wir nie erfahren.

Das ist bedauerlich: Schließlich verfügen die Flugsäuger mit ihrem Biosonar nicht nur über eine einzigartige Methode, um sich bei Dunkelheit zu orientieren, sondern auch über ein beneidenswertes Instrument, um mit der Welt in Kontakt zu treten. Fledermäuse stoßen bekanntlich beim Fliegen, entweder durch den Mund oder die Nase, Ultraschallwellen aus, die dann von der Umgebung zurückgeworfen werden. Anhand der Verzögerung, mit der das Echo ihre Ohren erreicht, kann die Fledermaus Entfernung, Richtung und Flugbewegung allfälliger Beutetiere erkennen. Da die Schallgeschwindigkeit von der Lufttemperatur abhängig ist, lässt die Fledermaus auch diesen Wert in ihre Berechnungen mit einfließen. Ja, manche Arten können anhand des Dopplereffekts, der durch die Vor- und Zurückbewegungen der Flügel etwa eines Nachtfalters entsteht, sogar die genaue Flatterfrequenz errechnen und anhand dieser ihr Opfer identifizieren.

Und wenn sich kein Insekt im umliegenden Luftraum befindet? Dann wirft immerhin die Welt ein Echo zurück. Anders ausgedrückt: Die grundlegende, erschütternde Erfahrung des modernen Menschen, dass, um es mit Albert Camus zu sagen, der Mensch fragt, aber die Welt schweigt, bleibt der Fledermaus erspart. Sie ruft – und wenige Millisekunden später hebt die Welt an zu singen. Hauswände, Straßenlaternen, selbst die haarfeinsten Drähte eines Hochspannungsmasten senden ihre Ultraschallwellen zurück. Die Lieder, die in allen Dingen schlafen, werden wach. Oder noch einmal anders formuliert: Die Fledermaus lebt dank ihres Echo-Ortungssystems im Modus der »Resonanz«.

Mit diesem Begriff bezeichnet der Soziologe Hartmut Rosa eine Form der Weltbeziehung, in der sich Individuum und Welt eben nicht, wie oben beschrieben, stumm gegenüberstehen – in welcher der Fragende also nicht mit einer bedrückenden »Epiphanie des Schweigens« konfrontiert ist, sondern in der sich »Subjekt und Welt gegenseitig berühren und zugleich transformieren«. Das resonante Wesen erfährt sich als selbstwirksam: Es fühlt sich nicht entfremdet, sondern mit Körper, Gemeinschaft, Natur verbunden. So wie eine gezupfte oder gestrichene Saite ein anderes, in Reichweite befindliches Musikinstrument zum Schwingen bringen kann, affiziert es seine Umgebung und lässt sich im Gegenzug von ihr berühren. Das Subjekt fragt, und die Welt antwortet. Wir müssen uns die Fledermaus als einen glücklichen Flugsäuger vorstellen.

Aber, so könnte man einwenden: Streng genommen ist es ja nicht die *Welt*, die der Fledermaus Antwort gibt, sondern nur das Echo ihrer eigenen Stimme. Andererseits: Versetzen Fledermausarten wie das Große Hasenmaul, deren (für den Menschen unhörbare) Schreie die wahrhaft markerschütternde Lautstärke von hundertvierzig Dezibel erreichen können, damit nicht tatsächlich ihre Umwelt in Schwingung? Bringen sie nicht Mauern, Pflanzen, Feinde und Artgenossen gleichermaßen zum Zittern? Und: Muss bei ihnen nicht der ungeheuer befriedigende Eindruck entstehen, dass die Welt mit ihren multiplen Echos, Dopplereffekten und Vibrationen auf ihre Fragen reagiert? Dass die Höhlenwand, auf die sie zufliegen, ihnen warnend zuruft: Vorsicht, hier stehe ich! Dass ihnen der Eulenfalter mit den Schwingungen seiner Flügelschläge zu verstehen gibt:

Eat me, I'm ripe! Dass die mächtige alte Ulme raunt: Häng dich an meinen Ast und ruh dich bei mir aus?

Wir wissen es, wie gesagt, nicht. Wir haben keine Ahnung, wie es ist, eine Fledermaus zu sein, und die Fledermäuse wollen es uns partout nicht verraten. Oder doch? Vielleicht ist dies ja die Lehre der Fledermäuse: dass die Welt uns die ganze Zeit antwortet – aber auf einer Frequenz, die wir leider nicht wahrnehmen.

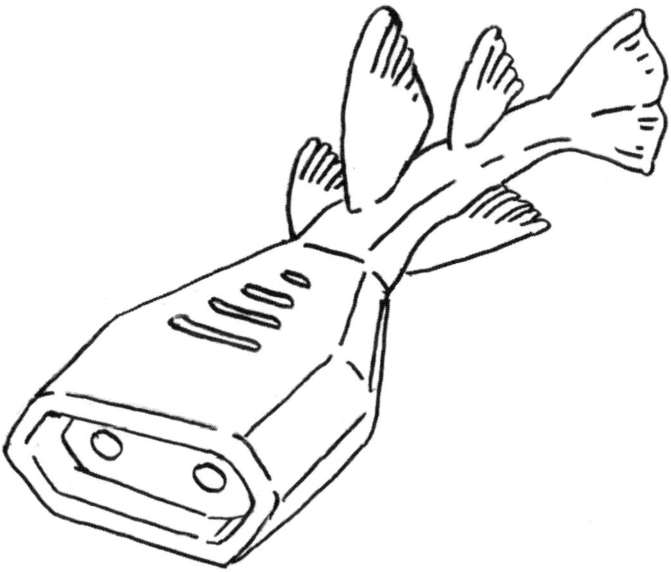

Der Zitterrochen

Ein Gedankenblitz, eine Kindheitserinnerung: Bäuchlings und halb im Sand vergraben, durch eine braun-weiße Marmorierung getarnt, liegt der Fisch auf dem Boden seines Beckens, bewegt sich allenfalls sachte wellenförmig, als hätte eine Strömung den Untergrund ins Wirbeln gebracht. Über der Aquariumsscheibe befindet sich eine waagerechte Reihe von Leuchtdioden, wie bei einer Stereoanlage: Wenn der Fisch einen elektrischen Impuls abgibt, beginnen sie zu blinken – je höher die Spannung, desto zahlreicher die blinkenden Lampen. *Tierfreunde klopfen nicht gegen die Scheibe*, steht auf dem Schild daneben, aber das ist mir und meinen Freunden egal: Wir pochen immer wieder gegen das Glas, unerbittlich, um den Rochen zu elektrischen Hochleistungen anzuspornen. Wir sind wie elektrisiert.

Bereits in der Antike war die Fähigkeit dieser Plattenkiemer, Menschen und andere Tiere mithilfe einer rätselhaften, unsichtbaren Kraft zu lähmen oder gar zu töten, bekannt: Der Feldherr Menon von Pharsalos etwa verglich seinen Gesprächspartner Sokrates, wie Platon berichtet, mit einem »Marmelzitterrochen«, da der Philosoph jeden, der ihm zu nahe komme, in Aporie erstarren ließ.[5] Aber erst in der Neuzeit wurden die Torpedo- oder Elektrischen Rochen, wie sie auch genannt werden, zu bevorzugten Studienobjekten der Naturwissenschaftler. Francesco Redi, René-Antoine de Réaumur, Alexander von Humboldt: Sie alle wandten beträchtliche Energien auf, um den Flachfischen das Geheimnis ihrer Hochspannung zu entlocken. Inzwischen wissen wir, dass sich die besondere Gabe der Zitterrochen dem sogenannten Elektroplax verdankt, einem muskulösen Organ, das Spannungen von bis zu zweihundertdreißig Volt erzeugen kann. Die Stromstöße dienen den Tieren vor allem zur Gefahrenabwehr; bisweilen nutzen sie sie aber auch, um ein Beutetier zu erjagen.

Diese Fähigkeit macht den Zitterrochen zu *dem* Wappen- und Sehnsuchtstier der Moderne schlechthin. Schließlich zeichnet sich diese Epoche, wie der französische Philosoph Tristan Garcia argumentiert, vor allem durch die »Domestikation des elektrischen Stroms« aus. Die Elektrizität, die zuvor meist als bedrohlich, transzendent, unbezähmbar erschienen war, wurde ab Ende des achtzehnten Jahrhunderts allmählich zu einer kontrollierbaren und allgegenwärtigen Größe, und damit auch zu einer Leitmetapher des menschlichen Daseins:

---

[5] Unsinn, wie wir gesehen haben: Sokrates ähnelte vielmehr einem Orca.

»(D)ie Elektrizität ist in den Menschen übergegangen«, schreibt Garcia. »Davon bleibt für immer so etwas wie ein Rausch übrig, dem sich der moderne Geist hingeben wird.« Immer unter Strom. Atemlos durch die Nacht. *I Sing the Body Electric.* Der Mensch der Moderne, davon künden Songtitel, Filme, Gedichte, strebt nicht mehr nach Transzendenz, sondern nach einer permanenten Intensivierung des Lebens.

Allerdings stellt dieses Ideal den Menschen, Tristan Garcia zufolge, vor ein schier unlösbares Dilemma. Zum einen lassen sich Intensitäten nicht dauerhaft aufrechterhalten, ohne sie gleichzeitig zu schwächen: Wer ständig unter Strom steht, empfindet irgendwann gar keine Spannung mehr. Zum anderen und vor allem widerspricht das Ideal des intensiven Lebens aber auch einem anderen wichtigen Grundsatz, nämlich jenem der Gleichmäßigkeit, die wiederum Vorbedingung allen Denkens ist. Wer andauernd hochvoltig durch die Gegend hüpft, mag zwar elektrisierende Erfahrungen machen – er kommt aber kaum dazu, innezuhalten und sich mit den gemachten Erfahrungen auseinanderzusetzen.

Betrachtet man nun die wie in Zeitlupe durchs Wasser schwebenden Zitterrochen, so drängt sich der Eindruck auf, dass ihnen der Spagat zwischen Leben und Denken, Intensität und Gleichmäßigkeit, Elektrizität und Spannungsabbau vorbildlich gelungen ist. Sie können, dank ihrer Kiemen, im wahrsten Sinne atemlos durch die Nacht schwimmen – wirken dabei aber stets kontrolliert und entspannt. Sie stehen unter Strom – allerdings nicht mit ihrem gesamten Leib, die Hochspannung bleibt auf ein einziges Organ beschränkt. Und, vielleicht am beneidenswertesten: Sie verfügen über einen körpereigenen Taser, eine Elektrowaffe, mit der sie aufdringliche Zeitgenossen zielgenau und blitzschnell außer Gefecht setzen können.

Es sei denn, diese Zeitgenossen befinden sich in einem anderen Element, einer anderen Sphäre, und auf der anderen Seite einer Sicherheitsscheibe.

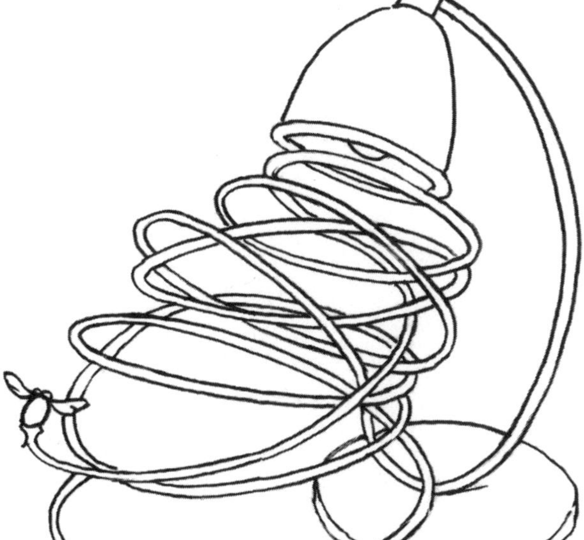

Die Fliege

Ich lag im Bett und las, als aus dem Dunkel des Schlafzimmers eine dicke schwarze Stubenfliege angebrummt kam und sich im Schein meiner Nachttischlampe an der Wand niederließ, direkt neben meinem Kopf. Zuerst versuchte ich, sie zu ignorieren, aber das war unmöglich, dazu war die Fliege zu groß und zu laut. Außerdem hielt sie mir ihren Kopf mit den riesigen, glänzenden Facettenaugen zugewandt, als würde sie mich beobachten.

Vermutlich lag es daran, dass ich gerade einen englischsprachigen Roman las, jedenfalls musste ich an den Begriff der *fly-on-the-wall* denken: Diesem narratologischen Konzept zufolge soll der Romanerzähler eine neutrale Perspektive einnehmen und die Ereignisse so distanziert beschreiben, als wäre er eine Fliege, die von den Romanfiguren unbemerkt an der Wand sitzt. Aber die *fly* an meiner *wall* war ganz und gar nicht neutral und unbeteiligt, im Gegenteil. Sie mischte sich auf geradezu penetrante Weise in die Situation ein; meine gesamte Aufmerksamkeit kreiste um sie wie eine Fliege ums Licht. Ich beobachtete die Fliege, wie sie mich beobachtete, wie ich sie beobachtete, wie sie mich ... Binnen Kurzem waren wir in einer kognitiven Echokammer gefangen, in der es nichts mehr gab außer unseren wechselseitigen Blicken. An Lesen war nicht mehr zu denken.

Aber: Beobachtete die Fliege tatsächlich nur mich? Oder sah sie womöglich zugleich meine auf der anderen Ehebettseite schlafende Frau? Sah sie den Kleiderschrank gegenüber, den Wäschekorb, den Stapel mit Büchern, die Insektenklatsche, die ich zur Mottenbekämpfung stets in Reichweite neben dem Bett liegen habe? Schließlich haben Fliegen dank ihrer konvex gewölbten Facettenaugen ein ungleich größeres Blickfeld als wir Menschen: Sie sehen zwar nicht so scharf wie wir, dafür aber sehr viel mehr Dinge auf einmal. Und auch was die zeitliche Auflösung angeht, sind ihre Sehorgane unseren Linsenaugen überlegen – wenn Fliegen Romane schreiben könnten, bestünden diese aus mehreren Handlungsebenen auf einmal und wären doppelt so schnell erzählt. Warum also saß »meine« Fliege wie hypnotisiert an der Wand und störte mich beim Lesen?

Ludwig Wittgenstein stellte in seinen postum erschienenen *Philosophischen Untersuchungen* die Frage: »Was ist dein Ziel in der Philosophie?« – nur um einen Flügelschlag später selbst die Antwort zu geben: »Der Fliege den Ausweg aus dem Fliegenglas zeigen.« Ein Fliegenglas, muss man wissen, war früher eine beliebte

Insektenfalle: Sie bestand aus einer bauchigen Glasflasche mit einem engen Einflugloch, durch das ein Insekt zwar hereinkommt, aus dem es aber nur selten wieder hinausfindet. Es müht und müht sich ab, durch die unsichtbare Glaswand zu fliegen, und bemerkt dabei nicht, dass es, um zu einer Lösung zu gelangen, eigentlich nur die Flugrichtung ändern müsste.

Wie aber sollte ich meiner Fliege einen Ausweg aus der Situation weisen – oder anders gefragt: Wie wurde ich sie wieder los? Erschlagen wollte ich sie nicht, dazu hatte ich ihr zu lange und intensiv in die Augen geschaut. Wenn ich sie mit einer Handbewegung verscheuchte, flog sie zwar auf, setzte sich aber Sekunden später wieder an dieselbe Stelle im Lichtkegel der Lampe. Es dauerte eine Weile, bis es mir endlich dämmerte: Es war gar nicht das Insekt an der Wand, das im Fliegenglas unserer Situation gefangen war – es war ich selbst mit meinen fruchtlosen Versuchen, die Fliege loszuwerden. Ich hörte also auf, mit meinem Kopf gegen die unsichtbare Glaswand zu rennen. Ich ließ die Fliege in Ruhe, legte den Roman beiseite und löschte das Licht. Und tatsächlich: Als ich es wenige Minuten später wieder anknipste, war die Fliege verschwunden.

Der Tiger

Obwohl er ein asoziales, polygam lebendes, wehrlose Hirschbabys, Antilopen und immer wieder auch Menschen reißendes Raubtier ist, hat der Tiger einen bemerkenswert guten Ruf. Naturschutzvereine werben mit seinem Konterfei, Spielzeughersteller verniedlichen ihn zum Kuscheltier, und ein großer Frühstücksflockenhersteller behauptete einst, die von ihm hergestellten Zuckerzerealien weckten »den Tiger in dir«. Vermutlich verdankt sich die Wertschätzung der Großkatze zum einen ihrer Vormachtstellung in freier Wildbahn; und zum anderen der Tatsache, dass der Mensch sie zwar hinter Zoogitter stecken und zum sprichwörtlichen Herumtigern verdammen, aber niemals ganz domestizieren kann: »Wen er sich nicht unterjochen konnte, den *verehrt* er, wie den Tiger«, schreibt Elias Canetti. Der Mensch erblickt in ihm eine Unbeugsamkeit, die er selbst gerne hätte.

Kein Wunder, dass er versucht, es den Katzen so gut wie möglich nachzutun. Das betrifft vor allem deren Territorialverhalten: Tiger sind Einzelgänger und beanspruchen je nach Beutetierdichte ein Revier, das bei

Männchen mehrere Hundert Quadratkilometer umfassen kann. Die Außengrenzen dieses Gebiets markieren sie, wie viele andere Großkatzenarten, indem sie Urin, Kot oder Analsekrete absondern. Anders gesagt: Sie machen ihren Besitzanspruch geltend, indem sie den fraglichen Bereich verunreinigen. »(D)as Eigene wird erlangt und bewahrt durch das Schmutzige«, schreibt Michel Serres in seinem Buch *Das eigentliche Übel.* »Besser: das Eigene ist das Schmutzige.«

Dies gilt nun Serres zufolge auch und besonders für den Menschen – wie die Tiere eignet er sich seine Umwelt an, indem er sie versaut. Der Philosoph unterscheidet dabei zwischen zwei Formen der Besitznahme: einerseits durch »harte« Markierungen, etwa Ausscheidungen, Müllberge, die Schadstoffemissionen von Fahrzeugen und Fabriken. Und andererseits durch »weiche« Markierungen, das heißt Werbeslogans, Plakatwände, Firmenlogos, Motoren- und Maschinengeräusche. Letztere mögen zunächst harmlos erscheinen, sind aber kaum weniger effektiv (und bedrohlich) als die harten Verschmutzungen. Der Raum, den sie beanspruchen, »schließt meine Anwesenheit, meine Existenz, meine Gesundheit, meine Atmung, meine Ruhe, kurz, mein Wohnen aus. Wie Tiger und Löwen bedrohen sie mein Leben.«

Dennoch besteht ein gewaltiger Unterschied zwischen den Territorialansprüchen der Raubkatzen und jenen des Menschen. Zum einen gibt es weltweit nur noch drei- bis fünftausend frei lebende Tiger – die Gefahr, die von ihnen ausgeht, wie auch die Menge ihrer exkrementalen Emissionen ist daher überschaubar. Zum anderen und vor allem dient ihr Urin und Kot nicht bloß zur Grenzziehung, sondern auch als Düngemittel. Die darin enthaltenen Phosphate, Stickstoffverbindungen, Kalium- und Kalziumsalze bringen die Erde zum Blühen.

Anders gesagt: Der Tiger mag zwar ein Revier-Nationalist sein – aber er tut wenigstens den Pflanzen etwas Gutes; gerade durch sein rigoroses Territorialverhalten schafft er grüne Grenzen. Der Mensch hingegen müllt zum Zwecke der Landnahme alles mit seinen Abfällen und Zeichen voll, ohne dass dabei ein wie auch immer gearteter biologischer Mehrwert entstünde. Die Natur eignet er sich durch harte Verschmutzungen an, die Kultur durch weiche; das Einzige, was bei ihm grenzenlos ist, ist sein Wille zur Abgrenzung.

Was also tun? Michel Serres zufolge gibt es keine andere Lösung, als den Planeten letztendlich »von der schmutzigen Bombe des Eigentums« zu befreien; also alle Besitztümer zu vergemeinschaften und dadurch ein aggressives Territorialverhalten unnötig zu machen. Und bis es so weit ist? Sollten wir es unseren felinen Verwandten gleichtun und unsere umweltschädlichen Emissionen durch biologisch abbaubare Markierungen ersetzen. Ganz gleich ob Immobilienhai, Baulöwe, Raubtierkapitalist oder Werbefuchs: Wer sein Revier abstecken will, muss dies mithilfe seiner körpereigenen, organischen Flüssigdüngemittel tun. Wer haben will, muss geben lernen. Wer Land möchte, muss Wasser lassen.

Und wer ein besonders großes Territorium für sich beansprucht? Nun: Der hat hoffentlich – wie der legendäre Slogan eines großen westdeutschen Mineralölunternehmens einst empfahl – »den Tiger im Tank«.

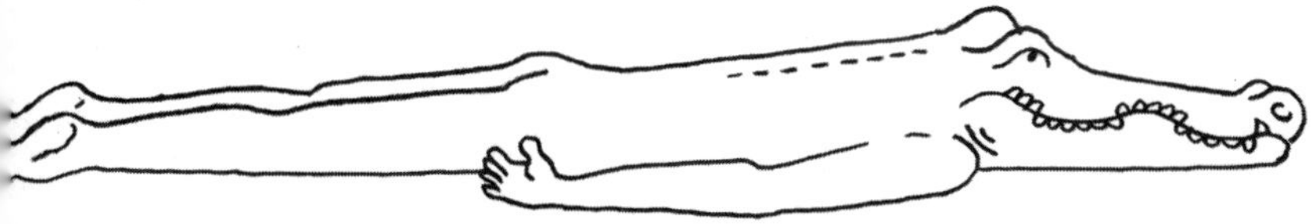

Das Krokodil

»Ein Besuch im Zoo kann nur enttäuschen«, schreibt der Kunstkritiker John Berger: »Die Tiere sind selten so spektakulär, wie die Erwachsenen sie in Erinnerung haben, und den Kindern erscheinen sie träge und langweilig.« Für viele Tierarten und Kinder mag dieser Befund durchaus zutreffen – aber nicht für die Krokodile und meinen Sohn. Seit einer geschlagenen Viertelstunde stehen wir nun schon im Ostberliner Tierpark am Tümpel mit dem Mississippi-Alligator, und immer wenn ich versuche weiterzugehen, klammert sich der Kleine an der Umzäunung fest und schreit verzweifelt: »-dil! -dil!«

Dabei ist in dem seichten, von exotischen Zierpflanzen umstandenen Gewässer kaum etwas zu sehen: Zwei Nasenlöcher, die knapp über die Wasserfläche ragen. Zwei wulstige Augen. Der schuppige, etwa vier Meter lange Körper mit dem kräftigen Ruderschwanz ist unter der Oberfläche nur schemenhaft auszumachen; ebenso die dolchartigen Zähne, mit denen das Tierchen uns, wenn wir ihm zu nahe kämen, in Sekundenbruchteilen schnappen, festhalten und durch Drehbewegungen um die eigene Körperachse in maulgerechte Stücke zerreißen könnte. Der Alligator liegt zum größten Teil unter Wasser und, wie es sich für einen Lauerjäger gehört, ganz still.

Aber warum ist der Anblick einer unbeweglichen Panzerechse, anders als der eines verdauenden Löwen oder eines depressiven Gorillas, eigentlich nicht enttäuschend und langweilig? Ich vermute: Es liegt an der gewaltigen Potenz, die in der Echse schlummert. Wohl bei keinem anderen Tier ist die Kluft zwischen dem, was es tun *könnte* (ein ausgewachsenes Wildschwein samt Wildhüter zerreißen), und dem, was es die meiste Zeit tut (*nada*, *niente*, rein gar nichts), so gewaltig. Diese spannungsgeladene Passivität ist nun nicht nur für zweijährige Kinder faszinierend, sondern auch philosophisch hochinteressant: Die Krokodile erweisen sich damit als herausragende Vertreter des *wu-wei*.

Der Begriff stammt aus der taoistischen Philosophie und lässt sich am ehesten als »Tun ohne Tun« oder »Handeln durch Nicht-Handeln« übersetzen – in den Worten von Lao-Tse, dem legendären Begründer des Taoismus:

Das Lehren ohne Worte
Und die Wohltat des Nicht-Handelns
Sind im Weltall ohnegleichen.

Es handelt sich dabei allerdings keineswegs um einen »Aufruf zur Faulheit, Trägheit und Bequemlichkeit«, wie der Philosophiehistoriker Ernst Sandvoss schreibt, sondern vielmehr um einen »Rat zum ökonomischen Einsatz der Kräfte, zur Verhinderung von vergeblichem Tun, sinnloser Geschäftigkeit mit unweigerlich folgender Frustration«. Anders gesagt: *wu-wei* ist die Kunst, intuitiv zur richtigen Zeit das Richtige zu tun – aber auch keinen Augenblick früher und keinen Deut mehr.

Für Krokodile, die nur sehr selten auf die Jagd gehen (manche Arten essen bloß einmal pro Woche), ist eine solche Philosophie überlebensnotwendig: Wenn sie sich schon aus ihrer geistigen und körperlichen Versenkung erheben und blitzartig zum tödlichen Schlag ausholen wie ein entfesselter Shaolin-Mönch, muss sich dieser Kraftaufwand auch kalorisch rechnen. Aber auch für viele Menschen dürfte es ratsam sein, öfter nach dem Krokodilprinzip zu verfahren. Anstatt also hektisch gestikulierend durch den urbanen Habitat zu rennen und lautstark per Handy-Headset über Projekte und Pläne zu schwadronieren, einfach mal ruhig sitzen zu bleiben und die Klappe zu halten. Abzuwarten, bis sich eine Chance nähert wie ein unvorsichtiges Wildschweinferkel. Und erst dann mit einer einzigen zielführenden Bewegung zuzuschlagen.

Klingt einfacher, als es ist? Nachdem ich eine knappe Stunde unbeweglich am Gewächshausgeländer gelehnt und dem Mississippi-Alligator beim Nichtstun zugeschaut habe, glaube ich, dem Prinzip zumindest ein Stückchen näher gekommen zu sein. »Sein Wirbel untergetaucht«, murmele ich mit den Worten von Lao-Tse, »Scheint es dennoch dunkel wie tiefes Wasser zu verharren ...« Aber jetzt, sagt mir mein inneres Krokodil, ist der richtige Moment gekommen, um meinen Sohn mit einer blitzschnellen Bewegung zu packen und nach Hause zu gehen.

Das Hähnchen

Als ich an der nach Frittierfett stinkenden Imbissbude gegenüber meinem Haus vorbeikomme und die vor einer Heizspirale rotierenden Stangen mit Grillhähnchen sehe, muss ich an Diogenes denken. Der Tonnenbewohner und wohl berühmteste Vertreter der Strömung des Kynismus fand nämlich ein hündisches Vergnügen daran, seinen Zeitgenossen Platon zu ärgern. Als dieser nun im Dialog *Politikos* die Definition lieferte, der Mensch sei ein »unbefiederter Zweifüßer« und mithin nur durch seinen Mangel an Federn von der Klasse der Vögel unterschieden, soll Diogenes kurzerhand einen Hahn gerupft, in die platonische Akademie getragen und ausgerufen haben: »Hier ist Platons Mensch.« (Der dergestalt Provozierte fügte daraufhin seiner Definition angeblich das Adjektiv *breitnägelig* hinzu.)

Die Anekdote gilt heutzutage vor allem als Beleg für den anarchischen Witz des antiken Proto-Hippies Diogenes – sie wirft aber eine überaus ernsthafte Frage auf, an der sich seitdem unzählige Philosophen die Zähne ausgebissen haben: Was ist der Mensch? Worin besteht seine besondere Stellung im Reich der Lebewesen? Und was unterscheidet ihn, wenn überhaupt, vom Tier?

Für Platons berühmtesten Schüler Aristoteles war der Fall klar: Der Mensch sei zum einen von Natur aus ein politisches Lebewesen *(physei politikon zoon);* zum anderen sei er im Gegensatz zu den Tieren sprachbegabt *(zoon logon echon),* weshalb er allein zu abstrakten moralischen Urteilen in der Lage sei: »Denn das ist (...) den Menschen eigentümlich, daß nur sie allein über die Wahrnehmung des Guten und des Schlechten, des Gerechten und des Ungerechten und anderer solcher Begriffe verfügen. Doch die Gemeinschaft mit solchen Begriffen schafft Haus und Staat.«[6]

Diese Bestimmung blieb bis in die frühe Neuzeit prägend; erst der große Humanist und Skeptiker Michel de Montaigne machte sich daran, sie mit der Beharrlichkeit eines Haushuhns auseinanderzupicken. Tiere, schreibt er in seiner »Apologie für Raymond Sebond«, seien ebenso kommunikationsfähig, intelligent, zuverlässig sowie zu sozialen Emotionen wie Dankbarkeit, Einsicht und Reue begabt wie wir Menschen – ohne sich allerdings deshalb, wie wir es tun, im Glauben an

---

[6] Das Beispiel der Bienen oder der Nacktmulle zeigt allerdings, dass ein florierendes Staatswesen durchaus ohne verbale Sprache mit ihren unerfreulichen Begleiterscheinungen (Wahlkampfslogans, politische Talkshows, parlamentarische Zwischenrufe) möglich ist.

ihren besonderen Status aufzuplustern. Daher sollten wir unsere Aufmerksamkeit nicht auf die Differenzen, sondern auf die fundamentale Gleichheit zwischen Menschen und Tieren richten. »Es bleibt eine offne Frage, wessen Fehler es ist, daß wir uns nicht verstehen, denn wir verstehen sie keineswegs besser als sie uns! So können sie uns mit gleichem Recht für vernunftlose Tiere halten wie wir sie.«

Was also sagt der gerupfte Goldbroiler? Da er selbst nicht mehr gackern, glucksen, krähen, kikerikien oder sich sonst wie äußern kann, wollen wir es für ihn tun. Ich mag zwar kein Mensch sein, antwortet das Hähnchen – aber ihr seid auch nur Tiere; nicht zuletzt, wenn ihr euch wie ein Schwarm aufgeregter Hühner am Imbissstand drängt und eure Bestellungen über den Tresen kräht. Ihr mögt vorzüglich zum Werkzeuggebrauch befähigt sein – aber esst mich und meinesgleichen am liebsten mit den Fingern. Ihr seid kognitiv hoch entwickelt – aber dennoch nicht in der Lage, vom gackerhaft niedrigen Preis für mein Fleisch auf meine Haltungsbedingungen zu schließen. Ihr seid mit moralischer Urteilskraft begabt – doch offenbar nicht willens oder in der Lage, sie auch bei gurrendem Magen noch einzusetzen.

Dies ist vielleicht das größte Paradox, das ihr im Umgang mit uns Tieren an den Tag legt: Indem ihr uns züchtet, schlachtet, esst, macht ihr die anthropologische

Differenz stark, definiert euch als Überlegene, als Nicht-Tiere – doch im selben Atemzug verhaltet ihr euch denkbar Unmenschlich, bringt eure bestialische Seite zum Vorschein. Gerade dann, wenn ihr so gerne Menschen wärt, werdet ihr selber zu Tieren.

Also reißt den Schnabel nicht zu weit auf: Wir, *Homo sapiens* und Hendl, sind einander ähnlicher, als ihr denkt. Dieses Kapitel mag zwar mit »Das Hähnchen« überschrieben sein. Aber es könnte ebenso gut heißen: »Der Mensch«.

Dank

Dieses Buch verbrachte sein Larvenstadium in der Zeitschrift *Philosophie Magazin*. Etwa zwei Drittel der hier versammelten Texte erschienen erstmalig dort unter dem Titel »Von Tieren lernen«, sie wurden für die Buchveröffentlichung überarbeitet und teilweise erweitert. Ich danke von Herzen Wolfram Eilenberger und Nils Markwardt für unzählige und unschätzbare Anregungen. Ich danke meiner Frau und liebsten Leserin Svenja Flaßpöhler für ihre klugen und schonungslosen Kommentare und Tobias Goldfarb für sein bewährtes Adlerauge. Ich danke Ada und Samuel für ihre Neugier und muntere Gesellschaft bei Ausflügen und Zoobesuchen. Mein besonderer Dank gilt Robby, Millie, Moritz, Mohrle, Schneeweißchen & Rosenrot, Piepsi, Annabel, Udo, Dodo und Hegel. Ohne sie wäre dieses Buch nicht zu denken.

Verwendete und zitierte Literatur

Agrippa von Nettesheim: *Die magischen Werke und weitere Renaissancetraktate*. Wiesbaden 2008.

Aristoteles: *Politik. Schriften zur Staatstheorie*. Stuttgart 1989.

Aurelius Augustinus: *Vom Gottesstaat*. München 1978.

Barthes, Roland: *Die Lust am Text*. Frankfurt am Main 1974.

Ders.: »Die Rauheit der Stimme«. In: *Der entgegenkommende und der stumpfe Sinn*. Frankfurt am Main 1990: 269–278.

Berger, John: *Why Look at Animals?* London et al. 2009.

Berkeley, George: *Eine Abhandlung über die Prinzipien der menschlichen Erkenntnis*. Hamburg 2004.

Berlin, Isaiah: *The Hedgehog and the Fox. An Essay on Tolstoy's View of History*. London 2013.

Brehm, Alfred. *Der farbige Brehm*. Freiburg, Basel und Wien 1966.

Canetti, Elias: *Masse und Macht*. Frankfurt am Main und Wien 1978.

Crary, Jonathan: *24/7. Schlaflos im Spätkapitalismus.* Berlin 2014.

Emerson, Ralph Waldo: *Natur*. Zürich 1982.

Garcia, Tristan: *Das intensive Leben. Eine moderne Obsession*. Berlin 2017.

Habermas, Jürgen: *Theorie des kommunikativen Handelns*. 2 Bände. Frankfurt am Main 1981.

Hegel, Georg Wilhelm Friedrich: *Phänomenologie des Geistes*. In: *Werke*. 20 Bände. Frankfurt am Main 1986: III.

Heidegger, Martin: »Was heißt Denken?«. In: *Gesamtausgabe*. 97 Bände. Frankfurt am Main 1978 ff.: VII, 127–143.

von Humboldt, Wilhelm: »Ueber die Verschiedenheit des menschlichen Sprachbaues und ihren Einfluss auf die geistige Entwicklung des Menschengeschlechts«. In: *Werke in fünf Bänden*. Darmstadt 1963: III, 368–756.

Kant, Immanuel: *Kritik der Urteilskraft*. Frankfurt am Main 1974.

Kierkegaard, Sören: *Die Krankheit zum Tode*. In: *Die Krankheit zum Tode / Furcht und Zittern / Die Wiederholung / Der Begriff der Angst*. München 2005: 25–179.

Koselleck, Reinhart: *Begriffsgeschichten. Studien zur Semantik und Pragmatik der politischen und sozialen Sprache*. Frankfurt am Main 2006.

Lafargue, Paul: *Das Recht auf Faulheit. Widerlegung des »Rechts auf Arbeit« von 1848*. Berlin 2013.

Latouche, Serge: »Circulus virtuosus. Für eine Gesellschaft der Wachstumsrücknahme.« In: *Le Monde diplomatique*, 14.11.2003: 3.

Lévi-Strauss, Claude: *Das Ende des Totemismus*. Frankfurt am Main 1965.

de Montaigne, Michel: »Apologie für Raymond Sebond«. In: *Essais. Erste moderne Gesamtübersetzung von Hans Stilett*. 3 Bände. Frankfurt am Main 1998, II: 165–416.

Ders.: »Philosophieren heißt sterben lernen«. In: A.a.O., I: 126–147.

Nagel, Thomas: *What Is It Like to Be a Bat? / Wie ist es, eine Fledermaus zu sein?* Stuttgart 2016.

Nietzsche, Friedrich: *Also sprach Zarathustra*. München 1999.

Ders.: »Dreiviertelskraft«. In: *Menschliches, Allzumenschliches*. München 1999: 422.

Pettit, Philip: *Gerechte Freiheit. Ein moralischer Kompass für eine komplexe Welt*. Berlin 2015.

Pfaller, Robert: *Zweite Welten. Und andere Lebenselixiere*. Frankfurt am Main 2012.

Platon: *Gastmahl*. In: *Sämtliche Dialoge*. 7 Bände. Frankfurt am Main und Hamburg 1988: III.

Ders.: *Menon*. In: A.a.O.: II

Ders.: *Phaidon*. In: A.a.O.: II.

Ders.: *Philebos*. In: A.a.O.: IV.
Ders.: *Politikos*. In: A.a.O.: VI.
Plinius Secundus: *Zoologie: Vögel*. In: *Naturkunde*. 37 Bände. München und Zürich 1986: X.
Plutarch: »Über das Fleischessen«. In: *Darf man Tiere essen? Gedanken aus der Antike*. Stuttgart 2015: 87–103.
Rosa, Hartmut: *Resonanz. Eine Soziologie der Weltbeziehung*. Berlin 2016.
Rousseau, Jean-Jacques: *Abhandlung über den Ursprung und die Grundlagen der Ungleichheit unter den Menschen*. Stuttgart 2010.
Sandvoss, Ernst R.: *Geschichte der Philosophie. Band 1: Indien, China, Griechenland, Rom*. München 1989.
Schiller, Friedrich: »Über das Erhabene«. In: *Vom Pathetischen und Erhabenen. Schriften zur Dramentheorie*. Stuttgart 2009.
Schopenhauer, Arthur: *Die Welt als Wille und Vorstellung*. 2 Bände. Frankfurt am Main und Leipzig 1996: I.
Ders.: »[Eine Gesellschaft Stachelschweine]«. In: *Werke in zehn Bänden*. Zürich 1977: X, ii: 708–709.
Seeley, Thomas D.: *Bienendemokratie. Wie Bienen kollektiv entscheiden und was wir davon lernen können*. Frankfurt am Main 2014.
Serres, Michel: *Das eigentliche Übel. Verschmutzen, um sich anzueignen?* Berlin 2009.

Ders.: *Musik*. Berlin 2015.

Wittgenstein, Ludwig: *Philosophische Untersuchungen*. Frankfurt am Main 2003.

Žižek, Slavoj: »Die brennende Frage. Hundert Jahre Traumdeutung lehren: Wach sein ist feige«. In: *Die Zeit*, 2.12.1999: 50.